DESIGN THINKING BRASIL

DESIGN THINKING BRASIL

EMPATIA, COLABORAÇÃO E EXPERIMENTAÇÃO PARA PESSOAS, NEGÓCIOS E SOCIEDADE

TENNYSON PINHEIRO

LUIS ALT

Em parceria com Felipe Pontes

Prefácio de Kerry Bodine
FORRESTER RESEARCH

ALTA BOOKS
EDITORA
Rio de Janeiro, 2017

Design Thinking Brasil
Copyright © 2017 da Starlin Alta Editora e Consultoria Eireli. ISBN: 978-85-508-0170-4

Impresso no Brasil.

Obra disponível para venda corporativa e/ou personalizada. Para mais informações, fale com projetos@altabooks.com.br

Copidesque
Edna Cavalcanti

Editoração Eletrônica
Estúdio Castellani

Revisão Gráfica
Mariflor Brenlla Rial Rocha | Edna Rocha

Produção Editorial
ELSEVIER EDITORA — CNPJ 42.546.531/0001-24

CIP-Brasil. Catalogação-na-fonte
Sindicato Nacional dos Editores de Livros, RJ

P722d Pinheiro, Tennyson
Design thinking Brasil : empatia, colaboração e experimentação para pessoas, negócios e sociedade / Tennyson Pinheiro, Luis Alt em parceria com Felipe Pontes ; prefácio de Kerry Bodine. – Rio de Janeiro : Alta Books, 2017.
23 cm

ISBN 978-85-508-0170-4

1. Desenvovimento organizacional. 2. Reengenharia (Administração). 3. Sociedades comerciais - Reorganização. I. Alt, Luis. II. Pontes, Felipe. III. Título.

11-6223. CDD: 658.4063
CDU: 005.332.3

ALTA BOOKS
E D I T O R A

Rua Viúva Cláudio, 291 — Bairro Industrial do Jacaré
CEP: 20970-031 — Rio de Janeiro - RJ
Tels.: (21) 3278-8069 / 3278-8419
www.altabooks.com.br — altabooks@altabooks.com.br
www.facebook.com/altabooks

Para Tais, minha amada esposa e companheira, que me dá apoio incondicional em cada uma das minhas insanas aventuras para fora da minha zona de conforto. À Foca, minha Golden Retriever, que foi guerreira e me fez companhia durante as longas madrugadas.

Tennyson Pinheiro

Escrever este livro significou noites em claro e muito trabalho em equipe para conciliar nossa agenda de projetos do escritório com um tão ambicioso. Gostaria de agradecer a meu sócio Tenny por ter proposto, acreditado e me mantido nesse desafio, sem ele este livro não passaria de apenas mais uma ideia. Agradeço também à nossa família live|work por ter segurado a barra para nós enquanto focávamos no livro, se não fossem vocês com certeza não teríamos conseguido. Finalmente, agradeço à minha família que tem me dado suporte nos últimos anos e sempre acreditado em mim nos meus momentos de dúvida. Chegar em casa e olhar para a pessoa que você ama é algo insubstituível.

Luis Alt

PREFÁCIO

Em minha atuação como analista na Forrester Research, tenho conversas diárias com os clientes sobre as suas iniciativas estratégicas empresariais. Ao longo dos últimos anos, eu e meus colegas percebemos uma tendência significativa: não importa a indústria, não importa a localização, mais e mais empresas estão explicitamente ressaltando a experiência do cliente como uma prioridade estratégica da mais alta importância para seus negócios.

Enquanto isso pode não soar como novo, afinal lugares-comuns como "o cliente sempre tem razão" têm sido alicerces das empresas por décadas. Essa tendência realmente marca uma nova era para as empresas ao redor do mundo. Mudanças recentes do mercado obrigaram as empresas a competir não só em relação às características dos produtos, mas na qualidade das interações com o cliente. Resultado: Altos executivos finalmente começaram a perceber que clientes felizes significam aumento de lucros e que a boa experiência do cliente é fundamental para a saúde financeira.

No entanto, ao contrário de outras iniciativas estratégicas, melhorias na experiência do cliente não podem ser realizadas unicamente por meio de processos e mentalidades tradicionais. Por que não? Porque as melhores interações com clientes não podem ser projetadas em uma planilha ou em uma seleção de slides do PowerPoint. Empresas que realmente desejam mover o indicador da experiência do cliente precisam adotar uma nova abordagem, que é caracterizada pela empatia, experimentação e colaboração – principais conceitos destacados por Tennyson e Luis neste livro.

Essa nova mentalidade também envolve observar a experiência do cliente a partir de um ponto de vista mais holístico. As empresas que querem melhorar suas interações com os clientes precisam entender o intercâmbio e a evolução constante das relações entre os seus colaboradores internos, parceiros externos e clientes. São as ações e decisões dessas pessoas que determinam coletivamente a qualidade e as características de todas as interações com o cliente.

A Forrester chama esse conjunto complexo e interdependente de relações de: O Ecossistema da Experiência do Cliente. Ajustar uma pequena parte do ecossistema, como uma política de retorno, incentivo de vendas ou critério de contratação, pode ter enormes (e muitas vezes não intencionais) consequências em outras partes. Essa onda de propagação constrói ou rompe com a qualidade de interações críticas com consumidores.

Muitas iniciativas em prol da experiência do cliente não atingem todo o seu potencial, ou pior, falham completamente. Isso porque as empresas não entendem o ecossistema da experiência de seus clientes. Elas têm um quadro incompleto do que a experiência do cliente realmente envolve e as dinâmicas envolvidas em criá-la. Essas empresas têm uma visão afunilada.

Os clientes desenvolvem necessidades específicas enquanto descobrem, avaliam, compram, acessam, usam e obtêm suporte a respeito dos serviços e produtos relacionados a uma empresa. Mas ao invés de ver o seu trabalho a partir do contexto da jornada do consumidor, a maioria dos funcionários e parceiros foca apenas o canal ou função pela qual são responsáveis. Por exemplo, a responsável pelo website de um grande varejista recentemente me disse que ela quase nunca fala com os executivos que gerenciam o call center ou as lojas. E departamentos de marketing, em conjunto com suas agências de publicidade, muitas vezes fazem promessas sem primeiro determinar se o resto da organização pode cumpri-las.

Moral da história: A experiência do cliente não pode ser o resultado da visão de uma única pessoa ou departamento. A entrega de excelentes interações com consumidores requer uma perspectiva de sistemas.

Em conversas esclarecedoras passando por Berlim, Londres, Oslo, Nova York, São Francisco e São Paulo, eu comecei a conhecer os autores e seus colegas da live|work, uma agência especializada na prática emergente do Design de Serviços. Designers de Serviços têm um mandato holístico: eles planejam e organizam sistemas complexos de pessoas, produtos, interfaces, serviços e espaços. Eles trabalham com clientes para incorporar a empatia, colaboração e experimentação dentro de suas organizações. Eles ajudam seus clientes a melhorar a experiência do consumidor e a alcançar resultados positivos nos negócios.

Espero que você goste deste livro tanto quanto eu gostei de minhas conversas com os autores.

Kerry Bodine
Vice-Presidente e Analista Principal, Experiência do Cliente
Forrester Research

AGRADECIMENTOS

Esse livro que você agora tem em mãos é uma evidência de uma longa e estimulante jornada de aprendizado e colaboração junto a amigos e parceiros. Para nós isso fica ainda mais claro agora, escrevendo este agradecimento às 22:32 de uma segunda-feira, ainda sentados no estúdio da live|work em São Paulo, enquanto nosso amigo e live|worker Fábio Amado finaliza a editoração e as ilustrações que você está prestes a ver após se livrar dessa etapa, meio chata, admitimos, de ler os agradecimentos. Se é que você já não pulou direto para a primeira parte.

Bem, se não pulou, obrigado por nos permitir dar crédito às pessoas que nos mantiveram estimulados emocional e intelectualmente para que esse projeto se tornasse realidade. Primeiro queremos agradecer às esposas e namoradas de todos da família brazuca da live|work, principalmente pelo fato de terem continuado nossas esposas e namoradas mesmo depois das massacrantes horas de trabalho nesse projeto. Pelo menos até o prezado momento, e são 22:41, nenhum de nós registrou abandono.

Além disso, queremos agradecer também a nossa equipe, incansável no processo de conciliar as atividades de seus projetos com a confecção deste livro. Não poderíamos estar mais felizes com a equipe que montamos aqui no Brasil. E cada um deles teve papel fundamental nesse resultado. O Fábio pelas ilustrações e editoração final do livro, o Cleber pelo estudo de usabilidade e melhores práticas para o layout e fontes, ao Gustavo pelos QR-codes e pela pesquisa para montar o eixo que está lá no final deste livro com os próximos passos que criamos para ajudá-lo a seguir em frente, após a leitura.

Ainda, queremos agradecer a todos os amigos que participaram diretamente do livro colaborando com artigos, cases e outras informações. Ao amigo Carlos Ferreirinha pelo carinho e contribuição, a Maurício Manhães pelo constante refinamento do pensamento que ocorre sempre após nossas intermináveis e riquíssimas discussões, a Carla Cipolla pelo trabalho de divulgação da disciplina do Design de Serviços que tem feito na Coppe/UFRJ, a Denis Russo Burgierman pela participação no prefácio, a Alexandre Miranda pela colaboração em projetos e no capítulo sobre usabilidade, a Kerry Bodine parceira entusiasta e VP de uma das mais renomadas consultorias de pesquisa do mundo e ao José Mello parceiro na luta de permear o Design Thinking na cultura corporativa e que se tornou um amigo pelo qual temos imenso carinho e respeito.

E, por último, precisamos deixar registrado nosso muito obrigado para os amigos e parceiros que não participaram diretamente do livro, mas participam diretamente conosco da luta por disseminar o Design Thinking e o Design de Serviços no Brasil, realizando um trabalho sério e louvável na área. Dentre eles precisamos citar o amigo Lincoln Seragini com seu eterno e contagiante entusiamo e inigualável experiência como Designer de situações preferidas, o parceiro e amigo Antônio Roberto, coordenador do MBA de Branding da Faculdade Rio Branco, pelo seu pioneirismo ao nos convidar para inaugurar a primeira disciplina de Design de Serviços da América Latina em um MBA de Branding, o Guto Griecco, coordenador do CIC-Miami Ad School, por acreditar na nossa proposta do curso que viria a se tornar um "hit" muito antes de ele parecer tão interessante assim, a professora Martha Therenzzo, por ter nos apresentado à ESPM, o Rafael Vasconcellos do Itaú e, claro, toda a sua equipe, companheiros de projeto em inúmeros desafios, e todos os nossos clientes e parceiros, no Brasil e no mundo, que acreditam no nosso trabalho e têm colaborado conosco na divulgação e evolução da abordagem do Design de Serviços. Obrigado. Obrigado. Obrigado.

Ufa, 23:51, sabíamos que não seria um exercício fácil lembrar de todo mundo e temos certeza de que deixamos de fora pessoas que valorizamos demais e pelas quais temos um imenso carinho. Se você é uma delas, nos perdoe, fica aqui o nosso agradecimento a você também.

Tenny e Luis

SUMÁRIO

DESIGN THINKING BRASIL

INTRODUÇÃO

O mundo está cheio de "soluções" e lotado de problemas

1. INFORMAÇÃO VIROU ELÉTRON

Em apenas 15 anos, a humanidade mudou radicalmente seu modo de registrar e distribuir informação. Antes, informação era industrialmente impressa em objetos físicos: livros, discos e similares. Agora, ela perdeu a materialidade. A informação virou elétron, e pode ser transmitida, duplicada, copiada, compartilhada, misturada, alterada de maneira imediata e ilimitada. O mundo repentinamente se alagou de informação. Tem informação voando pelo ar, invadindo cada espaço da Terra. Informação é grátis, farta, diversa, inesgotável. A enxurrada de dados na web está bem retratada no estudo Universo Digital, feito pela consultoria de TI International Data Corporation (IDC).[1] Publicado em junho de 2011, o relatório mostrou que o volume de dados no mundo está mais que dobrando a cada dois anos e pode atingir 1,8 zettabyte (1,8 trilhão de gigabytes) até o final de 2011. Essa quantidade de informação equivale a mais de 200 bilhões de filmes em alta definição, com 2 horas de duração cada, e poderia encher 28,75 milhões de iPads de 64 GB. Acha pouco? O volume dos aparelhos poderia formar uma montanha com a altura 12 vezes maior que a do Monte Fuji, no Japão. Nós temos informação voando pelo ar o tempo todo, invadindo cada espaço da Terra.

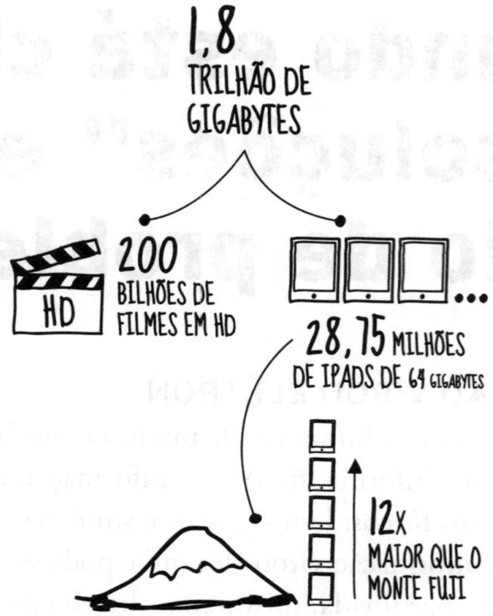

Essa brusca mudança na relação entre humanos e informação teve efeitos quase apocalípticos em algumas indústrias. A indústria fonográfica está de joelhos. Nos países desenvolvidos, a grande mídia impressa e quase toda a indústria editorial imploram por piedade e ajuda estatal. Outras esferas importantíssimas da sociedade baseadas em informação também estão em pleno processo de mudança disruptiva: a política, a religião, a educação.

Com tantas mudanças, nossa compreensão do mundo está se esvaindo. Estamos nos afogando em informação. Nossas caixas de entrada digitais estão lotadas – basta distrair por 10 segundos e um monte de informação entra e se acumula. Estamos adorando a overdose de twitts, comentários, mensagens, mas ao mesmo tempo estamos estressados, superexcitados, angustiados pela sensação de que não está dando para acompanhar.

2. O BRASIL DEIXOU DE SER "AQUELE" BRASIL

Você lembra do país onde você nasceu, não lembra? Ele tinha uma elite pequena e avoada, desinteressada dos problemas sociais e acomodada com a sensação de que, numa economia tão instável e com tantos impostos, o melhor era deixar o dinheiro no banco. Não fazia sentido arriscá-lo na tempestade lá fora. A população pobre tinha pouco acesso à educação, baixíssima capacidade produtiva e nenhum poder de consumo. Lembrou a sensação de que isso jamais mudaria? Era uma sensação de que o Brasil era destinado a ficar daquele jeito, a ser tão... Brasil. Tinha até aquela velha piada: "O Brasil é o país do futuro. E sempre será."

Pois então, isso mudou. Em apenas sete anos, quase 40 milhões de pessoas deixaram a pobreza. A mudança teve raízes nos anos 90 e acelerou nos 2000. De repente, viramos uma imensa classe média. A educação continua em estado lastimável, mas compramos que é uma beleza. E aí nos deparamos com uma dúvida paralisante: se o Brasil não é mais "aquele" Brasil, o que ele é então? Nesta transição, ainda não sabemos o que somos. Mas ao menos estamos conectados. Segundo o instituto Ibope Nielsen Online,[2] o país atingiu 41,7 milhões de usuários de internet em outubro de 2010. Somado às pessoas que possuem acesso no trabalho, o número salta para 51,8 milhões, levando o Brasil ao 5º lugar no mundo em número de conexões. Também em 2010, quase um terço de todas as transações entre varejo e consumidores foram feitas eletronicamente, mostrando que o comércio eletrônico no país está voando alto. Quem diria. O desenvolvimento do Brasil nos enche de orgulho e vontade de fazer grandes coisas. Existe um oceano de oportunidades a ser explorado.

3. TEM UM MURO ALI NA FRENTE

No último século baseamos nosso modo de vida no consumo. Consumo de carros, TVs, celulares, entretenimento, prazer, luxo, novidades. Mas, por trás da cortina, longe da nossa vista, havia um outro tipo de consumo acontecendo: de metais, de árvores, de petróleo, de cursos d'água, de florestas, de espécies, de recursos naturais finitos.

Hoje, se você olhar o mundo de cima, vai ver que as cidades estão cobertas de uma cúpula marrom de fumaça. Suas ruas estão entupidas de carros enormes, a ponto de o trânsito ter deixado de transitar. Há gigantescos tecos de montanha arrancados pela mineração e as florestas, que já não são muitas, ficam menores a cada dia. Estamos extinguindo

10.000 espécies animais ou vegetais a cada ano. O clima começou a mudar, gerando um rastro de secas, enchentes, epidemias e destruição. A perspectiva de faltar água, terra, petróleo, árvores, peixes é assustadoramente concreta.

Nós chegamos ao limite do modelo baseado em consumo de produtos. Tem um muro logo aí na frente. E, embora já consigamos enxergá-lo, ainda não paramos de acelerar.

Diante deste cenário, só enxergamos duas opções.

A primeira é resistir às mudanças. Plantar-se nos portões da cidade, com um pedaço de pau na mão, preparado para lutar até o fim. Admiramos o heroísmo dessa opção, mas, honestamente, não nos parece uma boa ideia. Nenhuma dessas mudanças parece passível de ser parada.

A segunda opção é entrar para a mudança. Alistar-se nela. Passar a fazer parte do processo de transformação do mundo. Acordar de manhã todos os dias e ir trabalhar na construção de uma nova ordem mundial, de um novo contrato social, de uma nova educação, um novo governo, uma nova política, uma nova indústria, um novo comércio, um novo modelo de produção, um novo sistema de relações de trabalho, uma nova estrutura social, um novo modelo econômico. Um novo mundo. Um novo Brasil.

E nós queremos comprar essa briga. Sabemos que podemos aproveitar a desmaterialização da informação e usar a enxurrada de bits para mudarmos o mundo. Temos em mente que devemos nos envolver na reinvenção do país para conseguirmos entender o que ele pode se tornar. Somos movidos pela ideia de que vale a pena contribuir para a criação de um modelo mais sustentável de economia, que não apenas consuma recursos naturais para fazer as engrenagens girarem. Vale a pena por dois motivos: porque é a coisa certa a se fazer e porque pode ser uma bela oportunidade de ganhar dinheiro.

Este livro é para quem quer tomar a segunda opção e participar da mudança. Para os que não concordam, recomendamos uma assinatura da revista *Seleções* de Reader's Digest e um sítio bem longe no interior. Se é que esses lugares ainda existirão por muito mais tempo.

Para participar da transformação do mundo, você vai precisar de instrumentos. Astrolábios, ábacos e ampulhetas são muito charmosos, mas não vão servir de muito na hora de navegar por esses mares digitais. Você precisa se equipar de uma nova geração de instrumentos. Nossa proposta é que você adote o "Design Thinking".

Há quem afirme que Design Thinking é uma metodologia. Mas quando se fala em metodologia, logo as pessoas criam a expectativa de que vão aprender um passo a passo, uma receita de bolo. E não é bem esse o caso.

Mais do que uma metodologia, Design Thinking é um novo jeito de pensar e abordar problemas. Um novo modelo mental.

Numa tradução grosseira, Design Thinking significa "o jeito de pensar do design". Design, nesse caso, é aquilo que em português chamaríamos de "projeto centrado nas pessoas", se tivéssemos o hábito de falar português.

A expressão "Design Thinking" foi primeiro utilizada por acadêmicos no início da década de 90 e posteriormente popularizada pela IDEO, empresa de design e inovação fundada em 1991 em Palo Alto, uma cidadezinha então suburbana da Califórnia. Logo em seguida, aquela cidadezinha, até então famosa apenas pelos laranjais e pelas paisagens bucólicas, virou o coração da região mais dinâmica e inovadora do mundo: o Vale do Silício. É em Palo Alto que está a Universidade Stanford, peça fundamental da difusão global do Design Thinking e escola cujas faculdades de negócios e de engenharia abasteceram de cérebros e de ideias a revolução digital.

Ao longo dos anos seguintes, o Design Thinking ganhou corpo. Em 2001, nasceu na Inglaterra a live|work, primeira consultoria a se especializar na aplicação do Design Thinking para buscar a inovação em serviços. No início de 2010 fundamos a operação brasileira do grupo.

A live|work, a IDEO e muitas outras consultorias trabalham ao redor do mundo para difundir a ideia de que essa abordagem, centrada nas pessoas, pode ser aplicada a organizações empresariais, sistemas de atendimento, métodos de educação, sistemas políticos, modelos de ajuda humanitária, sistemas de transporte, serviços de varejo e relações sociais

Workshop realizado no estúdio da live|work em São Paulo.

– enfim, tudo isso pode ser transformado para melhor com a ajuda do Design Thinking.

Essas empresas são lugares estranhos. Suas paredes são todas lousas, inteiramente rabiscadas e cheias de post-its e fotografias penduradas. Há salas cheias de brinquedos, nas quais marmanjos passam seus dias construindo novos modelos e observando crianças brincarem. Por lá transpira-se criatividade, a energia é intensa, ideias transformadoras são geradas em volumes industriais.

Este livro começa contando para você o que exatamente é Design Thinking.

A primeira parte, **"Design o quê?"**, tenta tornar o significado de Design Thinking um pouco menos nebuloso. Você irá aprender que ele se sustenta em um tripé: Empatia, Colaboração e Experimentação.

A segunda parte aborda a **Empatia**, a arte de conhecer o público. Não existe Design Thinking sem um grande esforço de observar, conhecer e compreender as pessoas que você quer servir. A palavra-chave aqui é "insight".

A terceira parte explica a **Colaboração**, a arte de criar coletivamente. Você vai entender a importância de equipes multidisciplinares e de envolver as pessoas durante o ciclo de desenvolvimento de projetos.

A quarta parte fala da **Experimentação**, ou, na língua dos Design Thinkers, a prototipagem. Você vai entender a importância de errar cedo para aprender logo, e como ajustar e evoluir as ideias antes de gastar muito dinheiro.

Na quinta parte, discutiremos um assunto que muito nos fascina e nos mantém ocupados: o **Design de Serviços**. Nessa parte do livro vamos discutir como o Design Thinking passou a ser empregado no setor de serviços por hospitais, universidades, bancos, fabricantes de carro, varejistas, e até mesmo grandes indústrias para reinventar a relação entre negócios e clientes, que passou a ser muito mais participativa, horizontal, democrática e, não menos importante, divertida.

Por último, vamos apresentar o **Service Envy Toolkit (SET)**, um conjunto de ferramentas e práticas que combinamos em formato de kit. Ele o ajudará a juntar isso tudo que aprendeu e colocar o bloco na rua para começar a projetar coisas mais desejáveis para as pessoas, sustentáveis para a sociedade e financeiramente atraentes para os negócios. Neste capítulo também apresentaremos um case que preparamos especialmente para este livro. Isso significa que você poderá baixar parte dos materiais que geramos durante o projeto. Utilize esse material como referência, ele vai permitir que você compreenda como fazemos para aplicar o Design Thinking em nosso dia a dia.

Para terminar, teremos a **Inconclusão**, já que o trabalho de chegar a uma conclusão na verdade não é nosso: é seu. Cabe a você incorporar à sua vida e trabalho esse novo jeito de pensar.

Este livro é um protótipo em andamento. Nossa pequena contribuição que toma a forma de um passo na longa caminhada de implantar na humanidade um novo jeito de pensar. Acreditamos que conseguimos sistematizar esse conhecimento de um modo bem completo e acessível, com especial atenção ao papel do Brasil nisso tudo. Esperamos que você goste.

Boa leitura. ☺

PARTE I

DESIGN O QUÊ?

Entenda o que significa o Design Thinking, e aprenda que ele se sustenta em três coisas essenciais: Empatia, Colaboração e Experimentação.

CAPÍTULO 1

VOCÊ TAMBÉM PODE

"Faça, ou não faça. Não existe o tentar."
Yoda, mestre Jedi

Ao escrevermos este livro, pensamos em todos os possíveis leitores, as pessoas que seriam capazes de investir nele algumas dezenas de horas (e reais). Nos dedicamos a compreender quem você é, quais atividades pratica, o que procura estudar, como é sua rotina e como o Design Thinking poderia ser usado para melhorar isso tudo.

Esse é o nosso dia a dia na live|work. Nossa equipe, com escritórios no Brasil, na Inglaterra e na Noruega, passa tempo com as pessoas tentando entender como elas vivem e se relacionam. Mergulhamos no cotidiano delas para sentirmos na pele as barreiras que enfrentam ao usar um serviço. E não paramos por aí. Nós trabalhamos com nossos clientes e os clientes de nossos clientes para transformar esses insights em ideias e evoluir essas ideias para que virem soluções. Soluções essas que tomam a forma de novas propostas de serviços construídas pensando em trazer melhores resultados para o negócio e ainda ajudar as pessoas a viverem e trabalhar melhor.

Isso diferencia a live|work de consultorias tradicionais e de pesquisas. Nós seguimos adiante com nossos clientes para acionar os insights encontrados na pesquisa e gerar soluções que são boas para as pessoas e lucrativas para o negócio. Nesse caminho cocriamos e testamos ideias com as pessoas presentes em todo o ecossistema do negócio.

Desde que foi fundada em 2001, na Inglaterra, a live|work tem projetado inovações de serviços no mundo todo para grandes marcas como a Emirates, Itaú, Johnson & Johnson, Sony, BBC, Tesco, Bradesco, Virgin,

Volkswagen e muitas outras, incluindo organizações nos setores públicos e ONGs. Nós usamos o Design Thinking como engrenagem em tudo o que fazemos. Seja para levar cidadãos marginalizados de volta ao mercado de trabalho, projetar uma melhor experiência de viagem em primeira classe para uma companhia aérea de luxo ou até projetar e disseminar uma cultura de inovação centrada nas pessoas dentro de uma gigante do setor financeiro.

E não usamos o termo "Design Thinking" para "marqueteá-lo". Ele simplesmente resume o modelo de pensamento com o qual abordamos problemas e conduzimos nossos projetos, baseados na Empatia, Colaboração e Experimentação.

Nós já perdemos a conta de quantas vezes respondemos a perguntas como "Será o Design Thinking uma moda ou uma tendência?" ou "O que será que virá depois do Design Thinking?". E confessamos que elas nos soam um tanto quanto esquisitas. Vamos explicar. Em nosso entendimento, o Design Thinking é um modelo mental, uma abordagem, um olhar. Não é uma técnica específica que possa ser crucificada por especialistas e críticos de plantão. Quando nos perguntam "o que virá depois", nós pensamos "grandes produtos e serviços, lucro, eficiência, pessoas mais satisfeitas e um planeta mais sustentável".

A Empatia, Colaboração e Experimentação não saem de moda. Não são tendências, e muito menos dependem de contexto ou cultura para darem certo. Ser mais empático, colaborativo e incansavelmente curioso é a chave para navegarmos de maneira bem-sucedida no mundo atual. Um profissional com estas três características está mais preparado e apto a solucionar problemas e liderar pessoas. Da mesma maneira, uma empresa que adota a mesma abordagem fica mais próxima dos consumidores e mais rápida e sensível às mudanças de mercado. Isso reduz as chances de fracasso de novas ofertas e abre constantemente novas oportunidades para o negócio. Como bônus, seus consumidores passam a gostar mais de seus produtos e serviços, que parecem ter sido feitos sob medida para eles. De fato, o Design Thinking é um modelo mental, uma atitude e não uma moda ou tendência. E esta atitude tem se mostrado um excelente remédio para sobreviver e prosperar na economia atual.

É muito importante esclarecer que o Design Thinking não é mais uma "coisa de designer", mas reflete a essência do Design, que é o foco nas pessoas. Ele pega emprestado do Design o olhar necessário para criar coisas melhores para pessoas. Mas da mesma maneira bebe de conceitos da Psicologia, Marketing, Branding, Neurociência, Hipnose, Biologia, Matemática, Medicina e muitos outros. A sopa multidisciplinar proposta pelo Design Thinking é suficientemente abstrata para nos permitir incluir os melhores campos de expertise na equipe de projeto, e dessa forma garantir que possuímos o pensamento holístico necessário para enfrentar problemas complexos (wiked problems).

Em um projeto no Brasil para uma empresa do setor financeiro, tínhamos o objetivo de ajudar a instituição a criar novas interações de serviços que ajudassem seus clientes a cultivar o hábito de investir. Para entendermos um pouco mais sobre formação de hábitos, nós envolvemos no projeto um personal trainer especializado em promover mudanças de comportamento que levem as pessoas a adotar o hábito de praticar atividades físicas regularmente. Seu trabalho nos chamou atenção por ele propor lidar individualmente com cada obstáculo que as pessoas enfrentam nesse caminho.

Aprendemos com ele, por exemplo, que somente o fato de as pessoas incluírem na mala de viagem roupas de treino ou até mesmo se vestirem para o exercício, mesmo sem praticá-lo, já é um passo fundamental na jornada de adoção do hábito. Esse ponto de vista, interessante e inesperado, foi fundamental para as etapas seguintes do projeto e afetou a maneira da equipe de pensar sobre hábitos e comportamentos.

E, por último, Design Thinking muito menos é "Design Marketing". Ele não serve para relatar uma suposta ascensão em massa dos designers aos mais altos pedestais da gestão estratégica, ou os danos e benefícios que isso pode causar. Até porque isso dificilmente irá acontecer. E se acontecesse, não traria os resultados que muitos pensam ser possíveis. Retirar os MBAs do topo das empresas e trocá-los por designers, declarando como irrelevante o conhecimento e a experiência acumulados por esses líderes ao longo de todos esses anos, não nos soa razoável. Não precisamos de gestores de negócio que são necessariamente designers de formação. Precisamos de gestores de negócios que pensam como designers, sendo ou não.

Além disso, não temos ainda em grande escala, no Brasil e no mundo, designers preparados para assumirem papéis estratégicos. As faculdades de Design ainda não entenderam que possuem também a missão de formar profissionais para pilotar negócios. Este livro é uma pequena contribuição para mudar isso. Talvez seja apenas uma utopia da nossa parte, mas queremos aproximar estes dois mundos com nossas iniciativas, e esta publicação é mais uma delas. Nossa intenção é mostrar para você a importância estratégica da terceira força que nasce da tensão criativa gerada por esta aproximação. As pessoas do negócio não devem ser deixadas de lado. Pelo contrário, são elas que devem adquirir o conhecimento, o olhar e as habilidades do Design Thinking, e aliá-lo à sua experiência estratégica. É aí que a mágica começa a acontecer.

Os designers que desejam abraçar esse movimento, da mesma maneira, não devem se limitar a entender de design, mas mergulhar na compreensão das engrenagens do mundo dos negócios. Somente dessa forma se consolidarão como peças fundamentais em meio a essa revolução. O Design Centrado no Ser Humano, que mencionamos neste livro, se tornou hoje o foco do negócio de marcas de alta performance como a Apple, Starbucks, Disney, Nike, P&G e Itaú. Por isso, para navegar com segurança nesse mundo, os designers terão de rever sua posição, suas habilidades, deixar algumas vezes de lado o "designês" e aprender a falar também a linguagem do negócio.

Para os gestores de negócios caberá o aprendizado de enxergar o mundo de maneira mais holística e conectada. Talvez a maior lição seja a de aprender a acompanhar mais de perto o ponto de vista das pessoas que utilizam seus produtos e serviços diariamente. Caberá a estes líderes desenvolverem a musculatura para navegar com conforto em assuntos que lhes parecem incertos. Essa aparentemente pequena vantagem é o que sustenta a capacidade que o designer tem de conceber coisas que causam real impacto para pessoas e negócios.

A habilidade de aprender com a incerteza e o caos, combinada com a empatia pelas pessoas, carrega o segredo por trás do estrondoso sucesso de muitas das coisas que amamos utilizar e que parecem que foram feitas sob medida para o nosso dia a dia.

CAPÍTULO 2

INOVAÇÃO É VALOR PERCEBIDO

"Preço é o que você paga. Valor é o que você recebe."
Warren Buffett

É muito comum confundirmos invenção com inovação, e suas definições muitas vezes se entrelaçam. O termo "inovação" vem do latim *innovare*, que numa tradução aproximada quer dizer "alterar a forma de algo estabelecido para criar algo novo". Já a palavra "invenção" vem do latim *invenire*, que significa "por vir". Ou seja, uma invenção é por definição algo novo, que não existia anteriormente e foi introduzido no mercado.

Segundo Joseph Schumpeter, um dos maiores economistas da primeira metade do século XX, a inovação acontece quando há uma mudança dos valores nos quais um sistema está baseado. Segundo sua teoria do Ciclo Econômico (apresentada no livro *Business Cycles*, de 1939),[3] a razão para que uma economia saia do estado de equilíbrio e entre em processo de expansão é o surgimento de inovações que alteram as condições prévias desse equilíbrio. Em seu trabalho, Schumpeter propôs que as inovações são de fato a força fundamental por trás do crescimento econômico. Para o economista, mesmo após destruírem valores existentes e levarem muitas empresas a fecharem as portas, elas fomentam a substituição de tecnologias e processos por outros mais adaptados à realidade das pessoas e do mercado. As inovações abrem espaço para novas formas de prosperidade, e esta reorganização de valor é fundamental para manter uma economia crescendo.

Inventar é trazer à tona algo novo, investir dinheiro em ideias. Inovar é transformar ideias em valor. É sobre gerar soluções que transformam a maneira como as pessoas vivem e trabalham e, principalmente, equilibram benefícios para negócios e sociedade.

VOCÊ SE LEMBRA DOS JETSONS?

O desenho simpático, produzido de 1962 a 1963 pelos estúdios Hanna-Barbera, mostrava uma família vivendo num futuro distante. Aquele futuro era impensável para a época: carros voavam, casas ficavam suspensas em grandes altitudes e o telefone e a televisão se fundiam num aparelho só, possibilitando videoconferências que conseguimos fazer hoje com bastante facilidade, mas que na época era algo de outro mundo.

O desenho era fantástico, divertido e high-tech para sua época. Nos anos que se seguiram ao desenho nos vimos às voltas com o surgimento de robôs humanoides que andavam e falavam, computadores que davam dicas do que vestir, refeições em pílulas, espaçonaves, raios laser em concertos de bandas de rock, videogames de cartucho e outras coisas. A lista é enorme. O mundo, impulsionado pela tecnologia emergente durante a Guerra Fria, parecia que ia decolar, mas era difícil imaginar para onde.

Ao olharmos para trás, notamos que a tarefa continua sendo complicada. Ninguém tem uma bola de cristal para prever as inovações tecnológicas que nos aguardam nas próximas décadas, e filmes futuristas e futurólogos nunca acertarão por completo o que irá surgir. Por isso, é compreensível que os criadores dos Jetsons tenham acertado em algumas coisas e errado feio em outras. Já imaginou se tudo fosse daquele jeito? Ainda bem que nossos carros não voam, porque eles só seriam agradáveis se poucas pessoas o tivessem. E tampouco sonhamos todos em ter casas suspensas nas nuvens. Os arranha-céus vão na contramão do que muitas pessoas enxergam como um lar ideal.

Já a videoconferência, hoje comum até mesmo em smartphones através de programas como o Skype, é um exemplo de acerto tecnológico do desenho. Jane, protagonista do desenho, usava a televisão para conversar e ver suas amigas enquanto ficava em casa. Só que os criadores dos Jetsons não podiam imaginar o gosto que (não) pegaríamos pela coisa. Recentemente, uma pesquisa mostrou que menos de 6% das pessoas que usam o Skype abrem de fato a videoconferência, e, quando o assunto é trabalho, a maioria torce para que a pessoa do outro lado da linha não abra ou sugira abrir a câmera.

Nós temos tecnologia para que nossas televisões façam o mesmo que a televisão da Jane. Então, por que esse produto não está na casa de todos? Parecia tão genial nos anos 80. E era, mas do ponto de vista da evolução da tecnologia. Ao incluírmos as pessoas na equação, algo que é científica e tecnologicamente genial pode se tornar completamente irrelevante a ponto de não merecer ser produzido em larga escala.

Ao mesmo tempo, algo que parece inviável pode ganhar forma e relevância suficiente para estar presente na vida de cada um de nós. Em 1943, Thomas Watson, então presidente da IBM, pioneira no desenvolvimento de computadores, analisou a tecnologia vigente e afirmou que existiria somente "mercado mundial potencial para talvez cinco computadores". Mesmo com as máquinas gigantes daquela época sendo inimagináveis numa sala de estar, essa frase evidencia a tentativa da IBM de antever o futuro apenas olhando para uma máquina e a imaginando anos à frente. Considerando o que realmente aconteceu depois, a frase de Watson não deixa de ser engraçada e alarmante.

O serviço de videoconferência ganhou nichos interessantes e importantes, mas o uso pessoal em larga escala apresentado no desenho jamais decolou realmente. E provavelmente não irá. Isso está pouquíssimo relacionado a tecnologias como chips e redes de transmissão de dados. A barreira está no comportamento das pessoas e tem muito mais a ver com o fato de gostarmos de fazer um milhão de coisas enquanto conversamos no telefone com alguém. Inclua nisso até a forma como gostamos de andar de um lado para o outro ao falar no celular e, não menos importante, a preguiça que teríamos para estar penteados e arrumados a cada chamada que recebemos no conforto de nossas casas.

Quando nossa equipe mergulha no mundo das pessoas estamos buscando entender seus mecanismos de escolha e decisão. Queremos observar suas respostas, hábitos, crenças e valores, pistas que, ao serem somadas, nos ajudarão também a intuir comportamentos futuros. É esse entendimento que nos guiará na hora de projetar coisas mais relevantes e adaptadas para essas pessoas.

Alguns especialistas em inovação defendem a ideia de que olhando somente para o que as pessoas fazem hoje não conseguiremos prever e antecipar grandes inovações. Nós defendemos a ideia de que olhando somente para as máquinas e processos, tampouco. Precisamos de um outro ponto de vista. Uma terceira força que nos permita misturar o entendimento desses dois mundos em propostas de alto impacto positivo para pessoas, negócios e sociedade.

Mas não nos entenda errado. As ciências exatas continuam sendo peças fundamentais na construção de inovações. É fundamental compreender a lógica para aprender como fazer com que processos funcionem de forma eficiente. Mas hoje em dia, a própria equação de eficiência, comumente definida pelo custo de produção sobre o retorno financeiro (cp / rf), é ineficiente se não incluirmos nela uma terceira variável: a relevância para as pessoas.

A cada ano, centenas de invenções criadas a quatro paredes por enormes equipes de engenheiros, técnicos e cientistas alcançam o mercado para só depois descobrirem que não há lugar para elas na vida das pessoas. Essas bugigangas descansam em prateleiras de lojas e supermercados ou nas casas das pessoas que as compraram por impulso, mas nunca enxergaram utilidade de verdade naquilo. Isso significa que bilhões de dólares são e serão investidos em produtos ou serviços que, segundo quem mais importa, não mereciam existir.

A história do rádio ilustra de maneira interessante esse ponto de vista. Após sua invenção, o aparelho permaneceu por mais de 20 anos sendo visto como uma caixa grande e espaçosa que noticiava basicamente o que já podia ser lido nos tabloides da época. Era um mero objeto de luxo e ostentação para os abastados.

A sua popularização veio em seguida da primeira transmissão ao vivo de um evento esportivo, o que conferiu ao rádio a relevância necessária para ser considerada uma das maiores inovações da história da humanidade. E não foi um transistor novo e mais potente que causou a mudança, mas o novo uso que um radialista empreendedor deu para a geringonça, conferindo ao rádio novo valor e relevância.

A inovação está onde há valor percebido pelas pessoas. Sem isso, não há inovação.

Lançar novos produtos, ainda que não imaginados pelos concorrentes, não coloca sua marca numa posição preferida. E muito menos a inovação vem necessariamente atrelada a um avanço tecnológico.

A TECNOLOGIA É COMMODITY, INOVAÇÃO É SIGNIFICADO

A tecnologia muitas vezes faz parte e tem um papel importante, que impulsiona o processo de inovação. Mas ela sozinha não sustenta uma oferta. Não é porque as coisas são novas e tecnicamente avançadas que as pessoas as utilizam, encaixam em suas vidas e recomendam.

Não somos os maiores fãs de listas numeradas de boas práticas, mas fizemos uma durante uma divertida ideation, que é um brainstorming de geração de ideias, em nosso estúdio, e achamos interessante compartilhá-la com você. Quem sabe pode lhe ajudar, assim como nos ajudou a propagar a visão de inovação da live|work para nossos clientes:

1) Aquela rede social não é uma inovação

Se não é adotada pelas pessoas e passa a ser parte importante de suas vidas.

2) O aplicativo que você está desenvolvendo para o iPhone, iPad ou Android não é uma inovação

Se não foi criado com o real potencial de ajudar as pessoas a fazer melhor o que elas já faziam antes por meio de outros programas, canais e aparelhos.

3) A embalagem mais bonita e diferente do mercado não é uma inovação

Principalmente se é pouco sustentável e obriga as pessoas a pensar e gastar muito tempo para abri-la.

4) Aquela ideia fantástica ainda não é uma inovação

Se não sair da sua cabeça e não for compartilhada, aprimorada e testada junto com outras pessoas.

5) O hardware mais rápido do mundo não é uma inovação

Mas o hardware mais rápido e confiável do mundo aplicado a uma máquina de hemodiálise pode ser.

6) O software mais esperto do mundo não é uma inovação

A simples existência da funcionalidade não é o que produz o valor. O valor é fruto da adoção e do uso.

7) Aquilo que você pensou "fora da caixa" não é uma inovação

E nem você deveria passar todo o tempo tentando pensar assim. Enquanto os seus concorrentes executam rituais para pensar "fora da caixa", ali mesmo, dentro do que muitos chamam de "caixa", residem inúmeras oportunidades. Apenas procure no mesmo lugar mas utilizando as lentes que propomos aqui nesse livro. Como sugere Howard Schultz, fundador e CEO da Starbucks, "inove em torno da essência".

8) Aproveitar a "janela" de lançamento e correr para colocar logo algo no mercado não o posicionará como inovador

O Google não foi o primeiro buscador, o iPod não foi o primeiro mp3 player e muito menos o iPhone o primeiro celular. A questão não é lançar antes, mas sim ser o mais relevante e mais bem adotado. Pense sobre isso ao propor prazos que contaminam projetos com a impossibilidade da equipe se conectar e avaliar corretamente quem são e do que realmente precisam os futuros usuários da oferta.

Lembre-se da dramática história do Segway, criado para ser o novo meio de transporte humano. Cidades supostamente seriam remodeladas por sua causa, mas por pressa de ser lançado e desconexão completa em relação aos hábitos e comportamentos das pessoas, ele somente conseguiu se posicionar na categoria de "o novo transportador de seguranças de shopping centers e parques de diversão". O próprio Steve Jobs, ao ser consultado sobre o Segway, antes de seu lançamento, disse que achava o produto um lixo e que a equipe de projeto tinha um bom conceito mas ainda não um produto forte e deveria dar alguns passos para trás.

Diálogo entre Steve Jobs e Jeff Bezos

http://hbswk.hbs.edu/archive/3533.html

9) O mais novo avião da sua frota, sozinho, não é uma inovação

E nem a nova fachada ou o interior decorado e high-tech da sua loja. Essas coisas são legais, mas não suficientes para que as pessoas voltem e tragam outras com elas. São os processos e pessoas que giram em torno disso que criam o meio através do qual consumidores interagem com a sua marca. Entenda estes processos e pessoas como mais relevantes do que a tecnologia ou a estrutura física presente em seu negócio.

10) Não adianta espernear para todos que a sua marca é inovadora. Isso não o posiciona como inovador

Na era da transparência, o marketing de mensagens precisa dar espaço para o marketing de atitudes. Faça uma análise sincera do seu negócio, porque simplesmente insistir em promover o que você não é, dificilmente irá fazer as pessoas abraçarem esse significado. A publicidade e a propaganda, hoje, se tornaram mais uma taxa que você paga por não ser empático, colaborativo e experimentador nas decisões que toma todos os dias.

Resumindo, inovação não é o mesmo que novidade, e nem mora naquele produto pioneiro que irá mofar nas prateleiras das lojas e armários das casas das pessoas. Alguns produtos surgem mais para engraxar o ego e o bônus de um gestor de portfólio do que para endereçar algum desejo ou necessidade de alguém. **A inovação é fruto da criatividade colocada em prática com o intuito de gerar resultados positivos para o negócio e criar impacto positivo para as pessoas.**

Esse livro defenderá que, sem o foco nas pessoas, não há inovação sistemática. Ela até pode surgir raramente num surto criativo e iluminar um portfólio de ofertas com um cálice sagrado, mas isso dificilmente será sustentável para um negócio no longo prazo.

Para nós na live|work, a inovação é resultado de pessoas, processo e muito trabalho duro, e não de ideias geniais defendidas por uma única pessoa. É sobre ser capaz de criar sistematicamente soluções de valor reconhecido pelas pessoas. O componente humano, de carne e osso, é bem mais importante que um transistor ou chip. E, quanto mais o envolvemos na construção do resultado, mais chance temos de sucesso.

Se você não tem 10 anos para esperar por um surto criativo, ou se já o teve, mas precisa de inovação sistemática e sustentável em seu negócio, continue lendo esse livro. Ele foi escrito para você.

CAPÍTULO 3

MENOS VAPOR E GLAMOUR, MAIS TRABALHO E CRIATIVIDADE

"Não é possível resolvermos problemas utilizando a mesma mentalidade que os criou."
Albert Einstein

A maioria das pessoas vê o Design como uma disciplina meramente responsável pelo embelezamento das coisas e com uma tímida importância na geração de valor para o negócio. Ainda, com o passar dos anos, o Design também ganhou uma conotação elitista, como se fosse um dom divino e exclusivo de pessoas dotadas de uma mente criativa privilegiada.

A visão comum em torno do Design respira arte, separatismo, elitismo comportamental e intelectual. Para piorar, conforme as empresas foram focando cada vez menos em pessoas e cada vez mais em retorno imediato, a maioria dos designers foi obrigada a abandonar a essência estratégica do seu trabalho para focar na estética e na forma e, assim, atender à demanda do "é para ontem" imposta, entre outros, pelo antes pulsante setor da publicidade e propaganda.

O Design aos poucos foi perdendo o seu propósito e não há um culpado certo nesta história. As pressões de mercado sempre existentes (e muitas vezes positivas) e as adaptações feitas por escolas de Design e pelos próprios profissionais para ocuparem as melhores posições disponíveis e avançarem em suas carreiras culminaram na criação de uma nova perspectiva sobre o Design: ele como atributo. O Design da "casquinha", focado no embelezamento, que tem pouca voz ativa na maneira como as empresas são estruturadas e funcionam.

Antes de entrarmos em detalhes sobre o que é Design Thinking, queremos propor um resgate ao propósito original do Design. Esse primeiro passo é fundamental para basearmos todo o resto do livro. E se você não é um designer de formação e está lendo isso agora, não se assuste, tudo fará muito mais sentido depois disso. Você é a prova de que a nossa estratégia de divulgação deu certo, pois nós escrevemos este livro especialmente para você. Em nosso curso no centro de inovação e criatividade da Escola Superior de Propaganda e Marketing (ESPM) em São Paulo e nas oficinas de Design de Serviços que ministramos na live|work, a proporção de não designers nas turmas tem sido superior a 70%. É o seu caso? Perfeito. Continue conosco e verá que o conhecimento adquirido por aqui irá ajudar a traçar uma linha de base interessante para você seguir em frente na leitura dos outros capítulos e extrair o melhor do livro.

DESIGN É MUITO MAIS DO QUE EMBELEZAR COISAS

A capacidade de tornar as coisas mais atraentes é atributo essencial do Design. Na busca por fazer as pessoas notarem e se apaixonarem pelas coisas, nada mais inteligente do que torná-las belas e interessantes. Mas o Design está longe de ser capaz de somente dar forma e beleza a algo. Design é o ato de transformar uma situação existente em uma preferida. E, você bem sabe, nem tudo que é reconhecidamente mais bonito é necessariamente preferido.

O objetivo do Design é garantir que uma oferta seja percebida pelas pessoas como algo de alto valor para suas vidas. E para garantir isso o Design também precisa cuidar da maneira como as coisas são concebidas, seu propósito e como funcionam. Vimos já que a inovação é sempre fruto de um reconhecimento direto de valor e, portanto, podemos também afirmar que é impulsionada diretamente pelo bom Design.

Em 2006, o Fórum Econômico de Davos teve como tema "O Império Criativo". Lá, o Design foi apresentado como ferramenta estratégica essencial para negócios e governos compreenderem melhor as recorrentes rupturas socioeconômicas e projetarem melhores resultados. Foram mais de 22 sessões pautadas em Design, Inovação, e a inter-relação entre os dois. Não estamos dizendo aqui que todos os CEOs e líderes governamentais presentes naquele evento saíram convencidos a implementar o Design Thinking como cultura e modelo de gestão. Porém, estas pessoas certamente saíram de lá com a ideia de que o modelo tradicional de gestão, pautado em análises do passado, apresentações em PowerPoint e planilhas, já não é mais suficiente.

O Design é sobre pessoas e como você as coloca no centro do seu negócio para construir valor com elas e para elas. O Design Thinking se traduz no resgate desses valores essenciais do Design e na aplicação desses valores na estratégia do negócio, de maneira a fomentar a produção sistemática de ofertas de alta relevância e impacto positivo para as pessoas. Em outras palavras, ele é a espinha dorsal de uma cultura de inovação centrada no ser humano.

DO ARTESÃO PARA A INDÚSTRIA E DE VOLTA PARA UMA INDÚSTRIA DE ARTESÃOS

No início, os artesãos dominavam a produção de bens e serviços. Eles tinham como papel na sociedade transformar a matéria-prima em ofertas de alto valor para as pessoas. No processo, o artesão usava sua habilidade e pensamento criativo para criar algo interessante e único. Era necessário criar coisas desejáveis e relevantes, porque sua sobrevivência, legado e reputação dependiam disso.

A Revolução Industrial, iniciada na Inglaterra vitoriana no século XVIII e expandida pelo mundo no século XIX, veio para mudar isso. O início das atividades produtivas de larga escala nas fábricas e o recrutamento intenso de pessoas para as linhas de produção derrubaram a importância do trabalhador artesão, que antes passava seu know-how de geração em geração. O conhecimento dos artesãos foi minado com a chegada das máquinas a vapor e a montagem das linhas de produção. Podemos dizer que as fábricas efetivamente nos entregaram um mundo mais cinza, ou como dizia Henry Ford, pioneiro na fabricação de carros: "...de qualquer cor, desde que preto".

A Revolução Industrial também trouxe impactos de cunho tecnológico e social. O trabalho no campo, antes baseado no uso da força de homens e animais, ganhava nova roupagem e máquinas mais eficientes. No âmbito social, as pessoas gradativamente migravam dos campos em direção aos grandes centros, à procura de trabalho. A necessidade de escoamento da produção incentivava a abertura de estradas e ferrovias que transformaram para sempre cidades e redesenharam mapas de países inteiros.

A chegada do modelo industrial também gerou empregos e barateou os preços, facilitando o acesso das classes mais baixas e assalariadas ao consumo. Itens que antes eram produzidos por artesãos para a aristocracia estavam agora, em versões menos pomposas, disponíveis para todos. Iniciou-se aí um processo de consumo desenfreado e aspiracional que viria depois a ser pesquisado pelo psicólogo americano Abraham Maslow em seus estudos sobre a psicologia humana.

Neles, Maslow desenvolveu a pirâmide das necessidades humanas, talvez o principal legado de seu trabalho. A teoria afirma que as necessidades fisiológicas de uma pessoa precisam ser saciadas para que seja possível saciar as necessidades de segurança. Estas, se saciadas, abrem campo para as necessidades sociais e de relacionamento, que, se saciadas, abrem espaço para as conquistas da autoestima. Segundo Maslow, para que o último

estágio, o da autorrealização, possa realmente ser alcançado, todas essas necessidades devem ser previamente endereçadas.

A Revolução Industrial representou uma acelerada escalada ao topo da pirâmide das necessidades humanas. Ao longo dos anos que se seguiram podemos notar a alavanca motivacional do consumo passando por todas as etapas até alcançar o patamar máximo da autorrealização.

Mas naquela época, em meio à mecanização da produção e expansão das fronteiras mercadológicas, poucos se preocupavam com as pessoas envolvidas no sistema produtivo. Consumidores ou trabalhadores, nada realmente importava. A indústria possuía pouca necessidade de criar e administrar demanda, a demanda simplesmente existia. Os produtos eram injetados em larga escala nos mercados onde eram consumidos. Era essa a estratégia. Os trabalhadores eram vistos como insumos de produção e os consumidores tomados como garantidos. O relacionamento com as pessoas não era, definitivamente, parte fundamental do planejamento estratégico das empresas.

Grandes evidências disso foram deflagradas em investigações sobre as condições de trabalho nas fábricas, conduzidas ao longo dos anos após o surgimento da indústria. Em 1833, o Factory Act (lei da fábrica, em inglês),[4] instituiu que nenhuma criança menor de 9 anos poderia trabalhar, e que crianças menores do que 13 anos não deveriam ultrapassar 9 horas por dia de trabalho. Parece pesado? Vale lembrar que essa era a revisão da lei vigente. Imagina antes.

A Revolução Industrial também fixou um outro modelo de gestão do conhecimento no qual, diferentemente dos artesãos, os trabalhadores somente sabiam sobre o processo o suficiente para executar a sua tarefa. A noção de como o todo funcionava estava limitada aos gestores, minando ainda mais o pensamento criativo e o propósito do trabalho. Habilidades como o improviso e a contação de histórias se tornaram irrelevantes com o passar do tempo para aquele profissional, que se via limitado a etapas repetitivas de execução. Você já deve ter ouvido um funcionário dizer "Senhor, eu entendo, mas aqui eu sou apenas responsável por...". Pois é, agora você já sabe de onde essa famosa e irritante atitude vem. O modelo industrial ditou a evolução da sociedade, e muitas vezes fez isso tomando decisões com base apenas em premissas de eficiência e melhores práticas de produção.

Com a mudança no eixo do conhecimento, os trabalhadores perderam a noção do valor que o seu trabalho agregava à empresa e à sociedade. E os empregadores aproveitaram isso para os explorarem, reduzindo salários e provendo péssimas condições de trabalho. Essa falta de visão do todo não só criou problemas de motivação e engajamento, ela também dissolveu o entendimento desse profissional sobre a importância da sua colaboração no resultado final. Algumas pessoas não sabiam nem ao certo o que estavam ajudando a produzir. Um barco? Um carro? Um trem?

Ainda, naquela época, a preocupação com a experiência do consumidor definitivamente não estava no mapa estratégico das empresas. O Ford T, carro de produção em massa introduzido por Henry Ford em 1908, era produzido somente em preto porque assim a tinta secaria mais rápido, simples assim, mas bem monótono.

Poderíamos fingir estar tratando aqui somente dos anos da Revolução Industrial, fechando os olhos e imaginando que nada desse legado permaneceu, e que hoje as estratégias são construídas visando o equilibrio entre o que é bom para as pessoas e bom para os negócios. Mas todos sabemos que isso não é verdade. O modelo industrial assombra o pensamento estratégico até hoje. A busca pela eficiência cega e o "construir de dentro para fora" tem sido, até os dias de hoje, a força motriz da atual economia, ainda em grande parte focada em empurrar ofertas para os consumidores.

NASCE O DESIGN COMO LENTE HUMANÍSTICA PARA A INDÚSTRIA

Em 1919, foi criada na Alemanha a Bauhaus, escola de Arquitetura, Design e Artes Plásticas, cujo nome significava "a escola do construir". A Bauhaus foi criada com o intuito de aproximar as artes do processo industrial. Para isso, a escola buscou extrair a essência da arte, eliminando o excesso de ornamentação e focando em ensinar os profissionais da época a concentrar seus esforços em construir objetos mais belos, mas também mais adaptáveis às pessoas e passíveis de serem produzidos em larga esca-

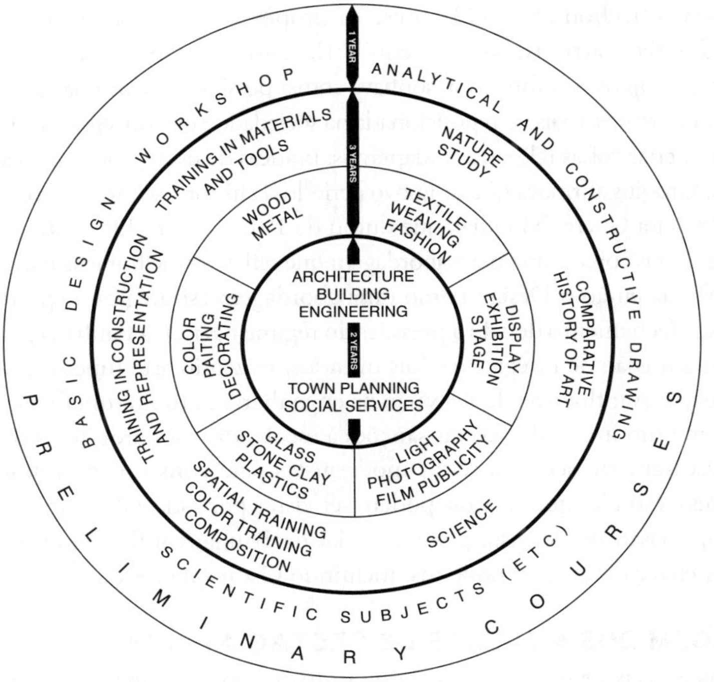

No centro do currículo estavam cursos de especialização em construção que levavam os estudantes a focar as necessidades das pessoas e a praticidade de uso, criando resultados que fossem passíveis de serem reproduzidos tecnicamente. Ainda, a abordagem pedagógica fundamental focava em eliminar o senso de competição artístico entre os alunos e incentivar o potencial criativo através de um espírito de comunidade e compartilhamento.

la. A Bauhaus condenava a arte pela arte, e estimulava a criação funcional. A escola se posicionou contra alguns artistas da época que se recusavam a aceitar as mudanças do mundo moderno. E propôs a ideia de que era possível harmonizar o processo de produção em massa com a criatividade.

Uma das maiores contribuições da Bauhaus foi a incorporação do Design no processo de produção em massa, que trouxe para a indústria um novo ponto de vista mais humanístico. Durante seus anos de funcionamento (fechou em 1933), a escola propôs inúmeras discussões, entre a indústria e artistas, sobre o equilíbrio entre a usabilidade e a beleza. Walter Gropius, seu fundador, sonhava com a possibilidade de criar uma nova classe de artistas, mais bem posicionada na sociedade e que carregasse uma nova missão: criar coisas relevantes, adaptáveis, práticas de usar, e, por que não, bonitas. Gropius afirmava que um novo período da história se iniciava com o fim da Primeira Guerra Mundial, que durou de 1914 a 1918. Ele queria propor, entre outras coisas, uma nova abordagem que refletisse melhor esse momento.

Nascia então o Design como uma abordagem estratégica de produção. Até seu fechamento devido a pressões do regime nazista, a Bauhaus persistiu em sua missão de integrar os dois mundos, trazendo arte funcional para a indústria. A influência de sua visão na engenharia e arquitetura foi tão forte que, mesmo impondo severas sanções à escola, diversos arquitetos nazistas se basearam em seus conceitos modernistas para construir monumentos, pontes e estradas que até hoje podem ser vistos por toda a Alemanha. Além disso, a visão modernista pós-industrial da Bauhaus influenciou diversos arquitetos e designers brasileiros, incluindo Oscar Niemeyer.

ORIGEM DOS MODELOS DE GESTÃO ATUAIS

As escolas de negócio nasceram também impulsionadas por essa onda de mudanças socioeconômicas. Em 1819, surgiu na França a Escola Superior do Comércio de Paris, que ficou conhecida como a escola de negócios mais antiga da Europa. Nas décadas seguintes, escolas parecidas se espalharam pelo mundo. Grande parte do sistema educacional executivo que temos hoje à nossa disposição foi idealizado para responder à demanda do avanço industrial, fruto da instalação de fábricas na Europa e nos Estados Unidos. O programa MBA (Master in Business Administration), por exemplo, nasceu para suprir a demanda por líderes nos Estados Unidos em 1881. E foi criado na renomada Universidade da Pennsylvania, em sua unidade conhecida como Wharton Business School. Desde esse período, a administração ganhou grandes líderes que moldaram o pensamento e a cultura corporativa moderna.

Dentre os líderes que desenharam a era pós-industrial da administração, talvez o mais expressivo tenha sido o austríaco Peter Drucker.

Drucker, falecido em 2005, passou grande parte da sua vida propagando a necessidade de as corporações valorizarem as pessoas. Ele realizou mudanças expressivas ao influenciar grandes empresas como a Coca-Cola e a General Motors a implementarem práticas de responsabilidade social e estratégias de valorização de colaboradores, criando uma base para extinguir práticas desumanas herdadas da Revolução Industrial. Entre suas principais ideias, Drucker defendeu a descentralização do poder nas companhias e a queda do modelo de planejamento estratégico com base apenas em estudos de resultados passados. Ele foi o primeiro líder a pôr em prática com sucesso uma cultura corporativa de preocupação com as pessoas. Para Drucker, elas representavam o maior ativo de uma empresa.

Peter Drucker foi, sem dúvida, um grande e expressivo Design Thinker. Dentre os pontos de vista que defendia estavam o enfraquecimento da indústria de bens e o surgimento de uma nova economia baseada nas trocas e no conhecimento, o que pode ser visto em seu livro *Uma Era de Descontinuidade* (*The Age of Discontinuity*), de 1969.[5] E o seu legado é tangível. Não há nenhum líder hoje, em perfeita sanidade mental, que não se importe com as condições de trabalho de seus colaboradores e que não tenha isso associado como fator de risco e resultado. Bem... talvez haja, mas não começamos a frase com "líder" e fizemos questão de incluir nela "sanidade mental" à toa.

Felizmente, o mundo mudou. De novo. Seguimos da era pós-industrial para a era do conhecimento e fomos mais longe ainda para alcançarmos uma economia completamente alicerçada na cocriatividade. Estamos de volta ao tempo dos artesãos. Bem, não mais ao tempo daqueles artesãos, é verdade. Mas muito menos estamos dispostos a viver uma vida acinzentada e prática. Queremos mais. E, em toda a história da humanidade, nunca houve uma sociedade que valorizasse tanto o consumo aspiracional, aquele do topo da pirâmide de Maslow. Queremos mais do que produtos. Estamos em busca de relacionamentos e transcendência.

E se queremos obter resultados diferentes, precisaremos de uma abordagem diferente.

UM RETORNO À ESSÊNCIA DO DESIGN

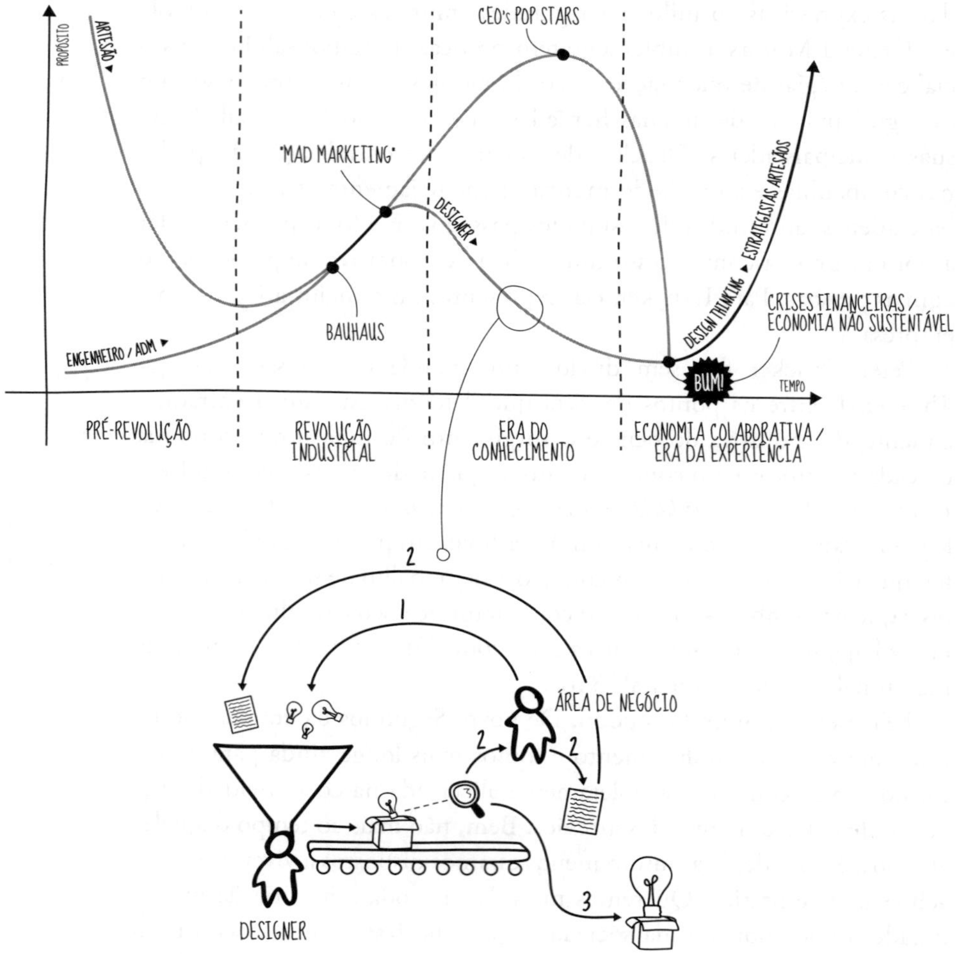

1- Área estratégica define novos produtos e serviços
e brifam designers que são envolvidos para dar forma e visual.
2- Área estratégica analisa e solicita modificações...
3- ...até aprovar o resultado.

UM CENÁRIO ANÁLOGO: AS ENGRENAGENS DO LUXO E SEU AVANÇO NO BRASIL

A transformação do ordinário em extraordinário. Isso é Luxo, que tem como característica especial a excelência, o valor genuíno, encantamento, compromisso e obsessão por detalhes. A gestão do Luxo tem uma determinação muito clara de comprometimento com excelência, um compromisso imperativo com qualidade, técnicas e ferramentas que estimulem o consumidor para uma observação emocional e uma tomada de decisão de desejo, por histórias que façam sentido ao longo do caminho, associações das marcas e dos produtos.

A última década representa uma era de transformação no mundo e, principalmente, no Brasil. O Brasil – um nome que antes parecia de pouco destaque no mercado do Luxo e Premium, hoje representa um dos cenários mais promissores do mundo. Um país que se tornou essencial para algumas operações mundiais e vê sua importância crescendo a cada ano. Há dez anos o Luxo estava muito mais associado ao comportamento e não era trabalhada uma reflexão de gestão e de negócio. Com o crescimento desse mercado, incluindo o Premium no país, tornou-se necessário desenvolver uma ferramenta de especialização do Luxo como negócio, como gestão, como gerenciamento.

As empresas podem aprender muito com a gestão do Luxo como diferenciação estratégica. Entender o Luxo como uma atividade de negócio para consolidar a região como um importante mercado na atividade mundial. E aprender com o segmento do Luxo as melhores práticas de ferramentas de gestão como diferencial competitivo e o aperfeiçoamento das práticas de gestão dessa atividade.

Uma década de gestão e vislumbramos o surgimento de novas marcas e novos consumidores que agora fazem parte desse universo, gerando ainda mais oportunidades.

O consumo do Luxo foi democratizado, o que nos leva a uma reflexão sobre o comportamento de consumo. Surge uma nova classe consumidora que traz ao mercado de Luxo um novo cliente que tem acesso às mesmas categorias de produtos diferenciados, mas que carrega em sua bagagem outras referências estéticas, comuns aos emergentes que representam mais da metade do consumo nacional dos dias atuais.

O atendimento é um dos principais valores reconhecidos pelo consumidor do mercado do Luxo. Sendo assim, nada mais propício do que as empresas, ainda que atuantes em outros setores, reconhecerem essa necessidade de motivar os vendedores a se ajustarem à capacitação profissional de suas equipes de atendimento para garantir um relacionamento diferenciado com seus clientes. O mundo ainda pode aprender muito com os serviços desenvolvidos no Brasil, como humanizar o atendimento e dar à mão de obra nacional uma identidade única.

O consumo no Luxo é emocional. E outros setores seguem essa tendência. Numa era em que o desejo está ligado ao emocional, realização pessoal e experiências são fundamentais. É preciso experimentar, sentir, despertar sensações que só podem ser proporcionadas através de experiências. A diferenciação leva ao destaque, e esse a oportunidades de expansão de uma empresa. Essa é a "Era das Experiências" em que cada vez mais o cliente procura oportunidades de experimentar novas emoções, de sentir-se especial e único. Portanto, as empresas devem começar a estimular os seus clientes a tomarem decisões para alguns dos seus produtos ou categorias pela vontade, pelo desejo e não apenas pela necessidade.

Luxo que se torna inspiração de oportunidades de negócio, expansão, crescimento e diversificação. Um Luxo traduzido em modelo de gestão.

Carlos Ferreirinha foi presidente da Louis Vuitton, e é atualmente diretor-presidente da MCF, consultoria especializada em traduzir o modelo de gestão do segmento do Luxo e Premium para empresas atuantes em diversos setores e ramos de negócios.

CAPÍTULO 4

O QUINTO ELEMENTO DO MARKETING

"A melhor maneira de prever o futuro é criá-lo."
Peter Drucker

Na década de 60, o professor universitário Phillip Kotler reuniu uma série de estudos de dinâmicas de mercado em seu livro *Administração de marketing*. A obra acabou por se tornar um dos livros mais influentes da administração moderna, influenciando diversas gerações de gestores e colaborando de forma definitiva para estabelecer o marketing como uma disciplina. Talvez o mais importante dos conceitos que Kotler difundiu seja o "mix de marketing", também conhecido como a "teoria dos 4 Ps". Muitos não sabem, mas ele não foi criado por Kotler,[6] mas sim defendido de maneira crível e consistente em suas obras.

O "mix de marketing" é composto por quatro variáveis: Produto, Preço, Praça e Promoção.

Produto: Todos os fatores que compõem o bem sendo comercializado, incluindo sua formulação física, características, produção, qualidade, marca, aspectos estéticos e embalagem.

Preço: Engloba fatores como políticas de preços, descontos, permutas e formas de pagamento.

Praça: Trata-se do meio pelo qual o consumidor entra em contato com a oferta. Pode incluir canais de distribuição, áreas de cobertura, estoque, transporte e outros.

Promoção: Todas as tarefas de comunicação focadas em promover a oferta, incluindo promoção de vendas, publicidade, relações públicas, marketing direto e propaganda.

A AMA (American Association of Marketing) foi a criadora do conceito do mix de marketing e, em sua essência, todos estes princípios são válidos e extremamente importantes até hoje para qualquer negócio. Mas não mais suficientes.

Desenhando e explicando os 4 Ps.

http://www.youtube.com/watch?v=Lgj91JUaD-Y

"A foto e o vídeo acima são da minha sobrinha de 5 anos ilustrando e explicando o mix de marketing na mesa de um restaurante em São Paulo. Segundo ela, a lata representa o produto, a nota o preço, a ilha a praça e a bexiga a promoção. Não é genial? Kotler e a AMA definitivamente deveriam adotar os sketches da minha sobrinha em seus livros." (Tenny)

O Design Thinking é sobre pessoas (como a sobrinha do Tenny). Sobre compreender e trazer à tona o que as coisas significam para elas e projetar melhores ofertas com esse significado em mente. É sobre endereçar problemas complicados com um olhar profundamente contagiado pela perspectiva de quem enfrenta esses problemas todos os dias.

Ainda, o Design Thinking busca o equilíbrio entre o que é desejável para as pessoas, financeiramente interessante para o negócio e, por fim, prega que todo resultado seja passível de ser produzido e implementado. Por esse motivo não é nada difícil identificarmos a base "bauhasiana" em seu modelo de pensamento.

Para o Design, o Design Thinking representa a segunda maior reviravolta de sua história. Para o marketing, o elo perdido da equação da relevância. **O quinto "P": Pessoas.**

CAPÍTULO 5

O PROCESSO DE DESIGN – O DUPLO DIAMANTE

"Design é algo tão crítico que deveria estar na agenda de cada reunião e de cada departamento."
Tom Peters

O Design Council é um órgão público no Reino Unido responsável por tornar o Design um tema central no desenvolvimento da Grã-Bretanha. Em 2005 a instituição realizou uma pesquisa com 11 diferentes empresas, incluindo a Lego, Starbucks, Virgin e Sony. Essa pesquisa teve como foco identificar como o pensamento do Design era tangibilizado em um processo por essas empresas.[7]

Ao contrário da abordagem tradicional analítica que incentiva que devemos nos mover na direção mais razoável para solucionarmos problemas, o pensamento do Design propõe que devemos nos mexer primeiro para gerar opções que nos levarão a encontrar um caminho, e não escolher primeiro um caminho e então gerar opções.

Segundo observou o Design Council, o processo de condução de projetos na maioria dessas empresas possui dois estados fundamentais: o de expandir o entendimento sobre o desafio enfrentado e o de refinar o conhecimento adquirido para encontrar novas associações e significados.

O Design Council atribuiu o nome de Diamante Duplo a esse constante processo de expandir e refinar presente nos projetos que observou. O Diamante Duplo, no entanto, não funciona como o conhecido modelo cascata, explicado posteriormente na Parte IV deste livro. Ao contrário desse modelo linear de execução cunhado pela Revolução Industrial, o processo de Design é livre para seguir uma natureza iterativa, ou cíclica em sua progressão.

O Diamante Duplo apresenta quatro etapas: Descobrir, Definir, Desenvolver e "Deliverar" (para seguir a ideia de nosso amigo Maurício Manhães e manter os 4Ds funcionando em nosso idioma).

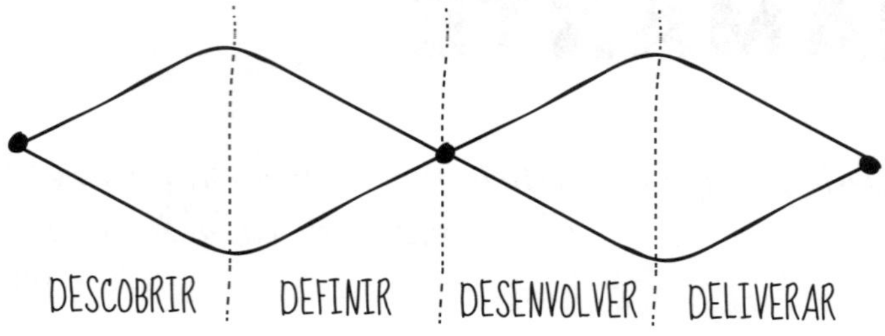

Na figura as etapas ilustradas pelas linhas divergentes denotam o momento de expandir o conhecimento. Da mesma maneira as linhas convergentes marcam o momento de fazer escolhas e refinar a informação.

Durante as etapas de expandir o conhecimento sobre o desafio enfrentado não estamos tentando criar uma lógica racional ou traçar uma rota de solução para o problema. Nessas etapas procuramos gerar a maior quantidade de alternativas e contextos possíveis.

Isso vai de encontro ao pensamento lógico tradicional que tem um caráter vertical ou afunilado. Ou seja, a maioria das pessoas ao se concentrarem em resolver um problema, busca soluções por exclusão.

A dificuldade com essa abordagem é que na etapa inicial dificilmente temos todo o entendimento necessário para julgar e excluir corretamente possibilidades. Ao fazermos isso, prejulgamos e traçamos uma linha de resposta centrada demais somente em nosso conhecimento limitado. Isso limita a possibilidade de gerarmos inovações.

Segundo Edward de Bono, médico, psicologista, advogado e doutor em Design (é sério), o pensamento vertical é analítico e busca o tempo todo navegar pela certeza, enquanto o pensamento lateral, aqui representado pelo momento de expandir, é generativo e busca a riqueza de possibilidades.[8]

Já nas etapas de refinamento o objetivo é encontrar significado e relevância no mar de informações adquiridas nas etapas de expansão. Quando agrupamos e damos forma para a informação, permitimos que padrões que antes estavam escondidos venham à tona.

Ao observarmos as metodologias de algumas das principais consultorias de inovação através do Design, nos deparamos com estruturas similares às do Diamante Duplo.

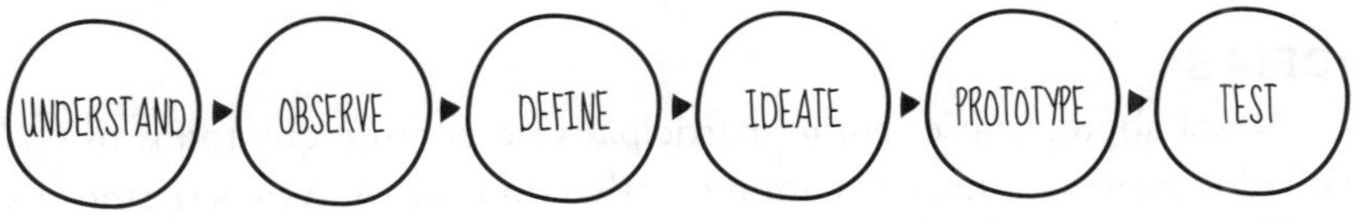

D.School: Compreender, Observar, Definir, Ideate, Prototipar, Testar

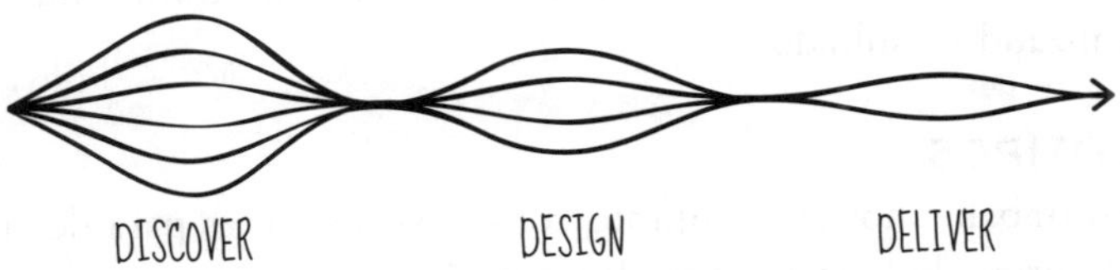

Frog Design: Descobrir, Projetar, Entregar

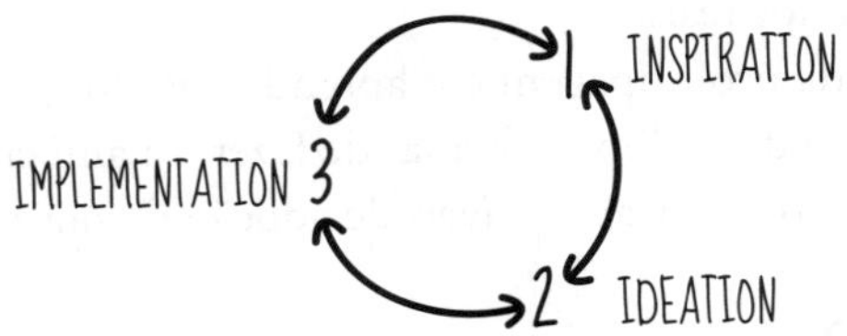

Ideo: Inspiração, Ideation, Implementação

O PROCESSO DE DESIGN NA LIVE|WORK

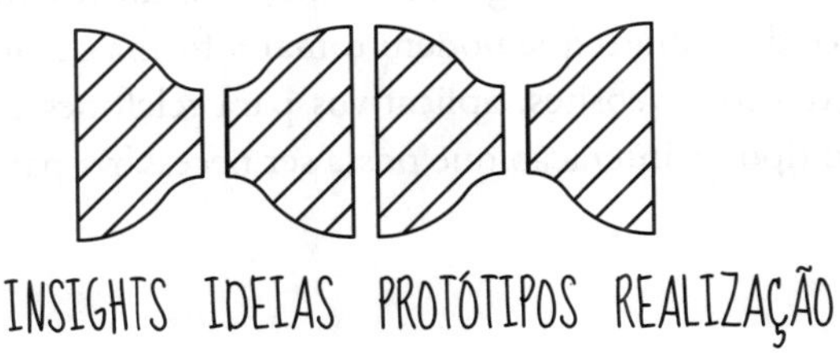

INSIGHTS

Nós envolvemos os usuários em entrevistas de profundidade, observações e sessões de cocriação para compreender como vivem, trabalham e tudo que gira em volta do seu contexto de uso.

O efeito desse mergulho é o mapeamento de barreiras que previnem o uso e a adoção do serviço, assim como a descoberta de novas oportunidades para o negócio.

IDEIAS

Nossa abordagem é sempre participativa e permite que todos os envolvidos estejam alinhados com o objetivo do projeto. Ao cocriarmos os valores de uma solução com usuários e prestadores do serviço, sua implementação se torna mais assertiva e menos arriscada, minimizando custos e maximizando resultados.

PROTÓTIPOS

Nós trabalhamos em conjunto com nossos clientes para determinar quais cenários deverão ser testados e projetamos os pontos de contato necessários para que a simulação possa ser realizada de maneira crível, envolvendo usuários reais.

O resultado da prototipagem é o aprendizado do que se deve ou não fazer, a descoberta de melhores formas de fazer e a antecipação de barreiras que poderiam prejudicar os níveis de adoção da nova estratégia.

REALIZAÇÃO

Na live|work projetamos experiências multicanais. Um dos fatores que nos diferencia de empresas de pesquisa é o fato de nos envolvermos no planejamento da estratégia resultante. Como resultado, desenvolvemos pontos de contato que podem tomar a forma de processos internos, serviços externos, websites, aplicativos para telefones celulares ou qualquer outro tipo de interação que possa ser necessária para suportar a nova estratégia.

A JORNADA DO DESIGN THINKING

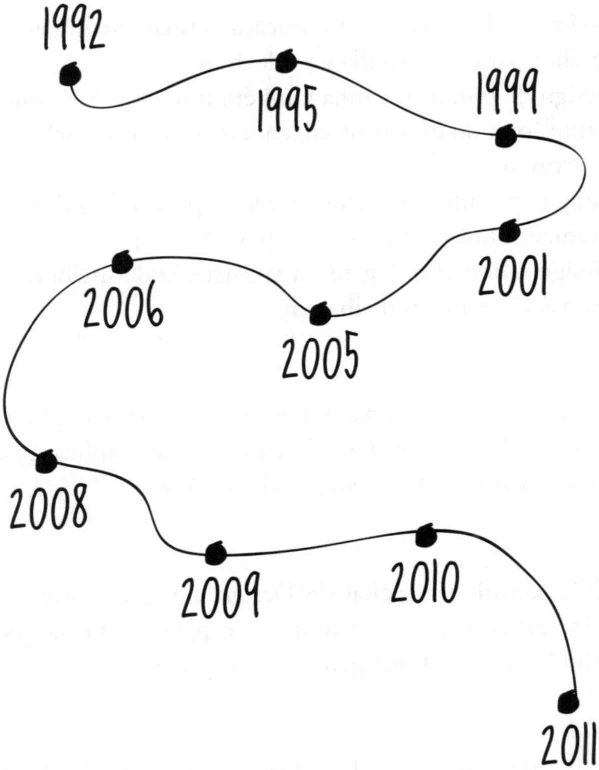

- 1992 -

O termo Design Thinking é mencionado pela primeira vez em um artigo escrito por Richard Buchanan, renomado professor da Universidade Carnegie Mellon, chamado "Wicked Problems in Design Thinking" (1992).[9]

Richard cita nesse artigo quatro frentes de evolução do Design que já não permitem que o mesmo fique restrito a uma disciplina, e sim ganhe o potencial de abordagem. São elas:

- O Design ganha força na comunicação visual, estendendo o seu foco da parte gráfica para a fotografia e a televisão.
- O Design de produtos ganha também um olhar fundamental voltado para a função, indo buscar na engenharia e ciências sociais razões para as coisas existirem.
- O Design aplicado a Serviços, trazendo para o desenho de processos o seu pensamento holístico e foco nas pessoas.
- O Design como abordagem na construção de melhores ambientes para as pessoas viverem e trabalharem.

- 1995 -

A KISD (Koln International School of Design) inaugura o primeiro curso de Design de Serviços, voltado para estudar a aplicação do Design Thinking na construção de estratégias de serviços.

- 1999 -

A IDEO, consultoria global de Design com um forte portfólio de produtos, incluindo o primeiro mouse e o palmV, afirma que utiliza o Design Thinking como abordagem em seus projetos.

- 2001 -

Em 2001, Ben Reason, Chris Down e Lavrans Lovlie fundam a live|work em Londres, primeira consultoria totalmente dedicada à prática comercial do Design de Serviços.

"Confesso que ficamos surpresos ao procurarmos outras empresas que já estivessem no mercado e não encontrarmos. Na época sabíamos que precisávamos de uma linguagem comum para falar sobre serviços; chegamos à conclusão então que precisaríamos estabelecer um forte vínculo com a comunidade acadêmica de forma a colocar em prova nossos modelos de pensamento; e também precisaríamos conseguir clientes grandes que acreditassem e comprassem projetos de Design de Serviços.

Para construir a nossa abordagem utilizamos diferentes disciplinas acadêmicas como base. Estudamos profundamente como redes de valor operavam; construímos em cima do conhecimento da antropologia e da relação entre pessoas e máquinas. Além disso agregamos práticas de design de interação e misturamos tudo isso no que chamamos de Design de Serviços."

Lavrans Lovlie – Fundador da live|work[10]

Ainda em 2001, a P&G, uma das mais influentes corporações do mundo, decidiu que o Design Thinking deveria ser parte fundamental de sua cultura de inovação.[11]

A.G. Lafley, na época CEO da companhia, nomeou Claudia Kotchka para a posição de vice-presidente de Inovação e Estratégia através do Design. Segundo o próprio Lafley, o foco dessa nova posição era o de abrir caminho na P&G para permear o Design Thinking por todos os cantos da empresa.

"Sob a liderança da Claudia, em somente sete anos nós construímos um padrão altíssimo de inovação através do design na P&G. Ela ajudou a integrar o Design Thinking na maneira como inovamos e operamos o negócio. Sua paixão pelo poder do Design fortaleceu nosso portfólio de marcas e a nossa organização como um todo." (A.G. Lafley)

- 2005 -

Dentro da influente Universidade de Stanford no vale do silício, Califórnia, nascia nesse ano a Hasso Plattner Institute of Design ou D.School, como ficou mais conhecida. Uma escola dedicada a ensinar a abordagem do Design Thinking para estudantes das mais diversas disciplinas da prestigiosa Stanford.

Entre 2004 e 2005 nascia também na Alemanha a SDN - Service Design Network,[12] rede composta por acadêmicos, consultorias de Inovação e empresas como o McDonald's e a Volkswagen. A SDN se consolidou como um fórum comum para discussão e evolução da prática do Design de Serviços no mundo.

- 2006 -

O Design Thinking foi protagonista no Fórum Econômico de Davos, o de maior prestígio em todo o mundo. Foram mais de 22 sessões nas quais líderes mundiais discutiram temas como Criatividade, Inovação e Estratégias de Design. Dentre as conclusões relevantes, o Design foi aceito como um novo modelo de pensamento mais adequado para lidar com a complexidade do mundo atual no âmbito dos negócios e também em áreas como saúde, educação e habitação.

- 2008 -

Fundamos as duas primeiras consultorias brasileiras focadas na aplicação prática do Design Thinking para construção de experiências de serviços: a Design Loyalty, operando em São Paulo, e a Push Service Design, baseada no Sul, em Santa Catarina.

*"Na ocasião éramos de fato as duas únicas consultorias dedicadas à prática comercial do Design de Serviços por aqui. Nesse mesmo período ministrei o primeiro workshop do Brasil de Design de Serviços em São Paulo, para um total de... *pausa dramática e tambores*... dois alunos. Bem, pelo menos esses dois têm uma boa história para contar. No meio acadêmico a abordagem começava a ganhar destaque com o trabalho de impacto social da COPPE/UFRJ, e algumas outras iniciativas. Ser pioneiro é legal depois que dá certo. Nessa época a luta para fazer com que as pessoas no Brasil valorizassem e compreendessem o potencial da abordagem do Design de Serviços era grande e telefones tocando e salas de aula cheias eram ainda uma realidade distante." (Tenny)*

A *Harvard Business Review*, nesse mesmo ano, publicou um artigo escrito por Tim Brown, CEO da IDEO, Entitulado "Design Thinking".[13] Nele o autor propõe o Design centrado no ser humano como arma estratégica para trazer diferenciação e relevância na atual economia competitiva. Nesse ano também Tim Brown palestrou no TED,[14] onde defendeu as premissas registradas nesse artigo.

- 2009 -

A revista *Fast Company* e outras publicações que tratam do tema inovação começam a dar atenção e a publicar constantemente artigos sobre Design Thinking. No Brasil a HSM Management segue os passos dessas publicações internacionais e faz o mesmo.

- 2010 -

A live|work inaugurou seu escritório no Brasil. Com estúdios estabelecidos em Londres e Oslo e uma operação pioneira e global de mais de uma década, Ben Reason e Lavrans Lovlie acreditaram em nosso entusiasmo e no trabalho que vínhamos realizando como pioneiros da prática por aqui. Em janeiro de 2010 também fundamos a DSBR, rede Design de Serviços Brasil (www.designdeserviços.com.br), uma organização sem fins lucrativos que reúne Design Thinkers do Brasil inteiro em torno de discussões e eventos como o Service Design Drinks.[15]

Nesse mesmo ano inaguramos o primeiro curso de Design Thinking da América Latina a ser ministrado em uma escola de negócios. Com o foco voltado para ensinar o pensamento do design para executivos e empreendedores criamos no Centro de Inovação e Criatividade da ESPM de São Paulo um curso prático nos moldes da D.School. A primeira turma, já lotada, aconteceu em maio de 2010.[16]

- 2011 -

O programa "Mundo S/A" na Globonews fez uma matéria interessante sobre o Design Thinking, onde detalhou aspectos da abordagem e apresentou o nosso projeto de impacto social Make it Work, no qual ajudamos cidadãos da cidade de Sunderland no norte da Inglaterra a encontrarem o caminho de volta ao mercado de trabalho.[17]

A Forrester Research, consultoria de pesquisa em Customer Experience Management (gestão da experiência do cliente), publicou dois artigos sobre a importância do uso do Design Centrado no Ser Humano como base para a construção de melhores estratégias de relacionamento com o consumidor.[18] E destacou o trabalho realizado pela equipe do Lavrans do escritório de Oslo, na inovação dos serviços do call center da seguradora Gjensidige. Ainda, no evento anual da Forrester em NYC, Kerry Bodine, Vice Presidente da instituição (e "prefaceadora" deste livro), apresentou esse e outros projetos para uma plateia composta de mais de mil executivos e CEOs de empresas *Fortune* 500.

Nossa ideia é atualizarmos as informações dessa linha do tempo constantemente, seja com novos acontecimentos ou coisas relevantes que leitores nos enviam. Para ter acesso à última versão da mesma acesse: www.dtbrbook.com.br.

Linha do tempo

http://www.dtbrbook.com.br/dtbrbooktempo.pdf

PARTE II
EMPATIA

Entenda a arte de conhecer o público. Não existe Design Thinking sem um grande esforço de observar, conhecer, entrevistar e compreender as pessoas que você quer servir. A palavra-chave aqui é "insight".

CAPÍTULO 6

PERSISTÊNCIA PESSOAL E CRIATIVIDADE CORPORATIVA

"Toda ação humana tem uma ou mais das seguintes sete causas: sorte, natureza pessoal, compulsões, hábito, razão, paixão e desejo."

Aristóteles

Em 1937, aos 31 anos, o japonês Soichiro Honda tinha um sonho. Honda sonhava em fabricar e fornecer peças de motores de automóveis para a Toyota, a maior fabricante de carros do Japão na época. Ele então vendeu tudo o que tinha, penhorou as joias de sua esposa e montou uma pequena oficina na qual ele trabalharia durante o ano seguinte – dia e noite, sem descanso, perseguindo seu sonho. Ele não buscava criar mais do mesmo e por isso decidira apresentar à Toyota peças de motor que fossem mais eficientes. E não poupou esforços para isso, seguindo em frente com o seu plano, mesmo sendo muitas vezes ridicularizado por seus colegas e mentores.

Após completar um ano de trabalho, Honda finalmente conseguiu a tão desejada reunião com a Toyota para apresentar o seu projeto. Mas as coisas não saíram como ele esperava. Durante sua apresentação ele foi informado que seu modelo não atendia aos padrões de qualidade exigidos. De volta à prancheta, ele exerceu sua paciência nipônica e trabalhou nas adequações necessárias para encaixar seu projeto nas exigências da gigante automobilística. Passado novamente um ano, Honda conseguiu uma segunda reunião de apresentação e finalmente foi aprovado para se tornar um fornecedor homologado de peças. Só faltava agora construir uma fábrica e iniciar a produção.

Naquele momento ele já não tinha mais recursos e então decidiu apelar para o governo, solicitando que o país doasse o concreto necessário para levantar a estrutura da sua futura fábrica. O problema é que, em 1939, o Japão estava se preparando para entrar na Segunda Guerra Mundial. Sendo o concreto uma matéria-prima fundamental para um país em guerra, o governo negou o pedido. Mas Honda não desistiu, ele acreditava no potencial de seu projeto, então reuniu sua equipe e criaram juntos uma maneira de fabricar o próprio concreto. Assim, aos poucos, Honda foi capaz de erguer a sua fábrica e iniciar a produção.

Durante a guerra, a fábrica de Honda foi bombardeada duas vezes pelos Aliados, sendo que na segunda vez ele teve que alterar o funcionamento de sua linha de produção para trabalhar à base de geradores – que dependem de gasolina, outro material escasso num país em guerra. Para manter seu negócio funcionando, ele era obrigado a visitar as bases militares já abandonadas pelos americanos, à procura do combustível que era deixado para trás pelas tropas. Honda chamava os galões de combustível encontrados de "presentes do Tio Sam". Logo após restabelecer sua produtividade, o Japão foi assolado por um dos maiores terremotos de sua história, e os tremores destruíram completamente a fábrica de Honda. Após constatar que não teria como se recuperar dessa vez, só restou a ele vender (ou praticamente dar) para a Toyota o seu projeto e voltar à situação de dificuldade que vivia com a sua família, agora agravada pelos males da guerra.

Sabendo que sua capacidade de se deslocar pelo recém-devastado país implicava diretamente o prover para a sua família, Honda, em um momento que misturou desespero e engenhosidade, acoplou um pequeno motor a sua bicicleta. O resto da história você conhece. Honda não estava tentando criar uma das maiores inovações do século XX. Ele tentava contornar uma barreira que o impedia de ajudar sua família. Sua história nos mostra o poder que há em solucionar um problema a partir do ponto de vista de quem o enfrenta.

Empatia é o nome que se dá à habilidade que possuímos de compreender e vivenciar os sentimentos de outras pessoas. Essa é uma capacidade natural do ser humano, mas como toda habilidade, para que seja útil, deve ser praticada constantemente e aprimorada.

Apesar disso tudo fazer sentido, sabemos que na prática a maioria das empresas não tem colaboradores dedicados a estudar como os seus produtos e serviços de fato participam da vida dos consumidores. Muito menos quais barreiras e problemas são enfrentados por essas pessoas ao utilizá-los. A maioria dos desenvolvimentos de novas soluções ocorre entre quatro paredes, em laboratórios fechados de Pesquisa e Desenvolvimento (P&D), e com base na opinião de especialistas que, quando muito, têm contato com o mundo externo apenas através de pesquisas encomendadas.

Existe uma diferença grande entre encomendar uma pesquisa para validar um processo de desenvolvimento e realizar uma pesquisa como parte desse processo. Quando realizamos uma pesquisa como parte do desenvolvimento de uma solução, a mesma equipe que esteve em campo trabalha para converter o que percebeu de valioso em ideias implementáveis. Ter essas pessoas envolvidas do começo ao fim garante que será possível manter o vínculo empático adquirido no convívio com as pessoas foco do projeto. Ao apenas encomendar uma pesquisa, esse contexto se perde no momento em que a equipe que saiu a campo e realizou a pesquisa entrega o relatório e deixa a sala de apresentação.

Para tentar minimizar a miopia presente na maneira como enxerga seus clientes, algumas empresas implementam práticas internas de incentivo ao uso das suas ofertas dentre os colaboradores. O problema é que na maioria dos casos tais campanhas são pensadas muito mais como uma estratégia de endomarketing do que como uma abordagem de desenvolvimento e melhoria contínua. Há pouco feedback. Alguns colaboradores não se sentem à vontade de criticar as ofertas da própria empresa para seus superiores e outros simplesmente não veem vantagem em compartilhar o que pensam.

Outras empresas, impulsionadas pela onda da colaboração, implementaram plataformas de Open Innovation, que andam na moda. Estas são ferramentas que geralmente ficam disponíveis on-line para permitirem que colaboradores e clientes de uma empresa compartilhem e cocriem ideias sobre como melhorar e inovar ofertas e processos internos. O problema é que muitos desses projetos de Open Innovation falham na raiz: a cultura corporativa. Seus idealizadores se baseiam demais na tecnologia como pivô da colaboração e se esquecem de considerar a criação de estratégias para motivar e engajar essas pessoas, viabilizando a mentalidade de colaboração em seus cotidianos. Apesar de nova, a abordagem de Open Innovation, quando bem orquestrada, possui um potencial fantástico de impulsionar inovações, a comprovação disso são sites como o **openideo.com** e o **mystarbucksidea.com**.

Links

http://www.openideo.com
http://www.mystarbucksidea.com

Na Europa criamos junto com a Orange, empresa do setor de telecomunicações, uma plataforma de Open Innovation que foi percebida ao mesmo tempo como eficiente pelo negócio e relevante pelos colaboradores e consumidores finais, e isso foi possível pois envolvemos essas pessoas desde o início nesse processo. No Brasil, enquanto escrevemos este livro, estamos ajudando uma gigante do setor financeiro a implementar também um serviço on-line de cocriação de soluções, que vai agir como pivô na melhoria e inovação de processos que impactam diretamente a experiência do consumidor final. Para garantir o sucesso dessa iniciativa saímos a campo e entrevistamos colaboradores para compreender como pensam, e trabalham e para antecipar barreiras de uso e adoção que poderiam impactar o sucesso do projeto.

Durante esse mergulho descobrimos, por exemplo, que alguns colaboradores tinham o desejo de mostrar para toda a instituição os projetos nos quais estavam trabalhando, enquanto outros queriam simplesmente ganhar novas perspectivas e trabalhar com pessoas que nunca viram antes, em desafios completamente diferentes dos enfrentados em seu dia a dia. O primeiro grupo, para o qual demos o codinome de "projetistas", era geralmente composto por colaboradores envolvidos em desafios de grande importância e impacto para o negócio. O segundo grupo, que recebeu o codinome de "escapistas", era composto em sua maioria por trabalhadores com foco mais operacional, que perceberam na eminente plataforma de colaboração uma oportunidade de expandir a sua rede de relacionamento e experimentar coisas novas. Nas etapas seguintes, fizemos uso dessas descobertas para projetarmos junto com a equipe do cliente a estratégia de funcionamento do programa de geração de ideias. No fim, o resultado esperado que era de 30 grupos participantes foi superado em mais de 300%. A organização obteve 99 grupos inscritos, e todos compostos por pessoas ávidas por contribuir e que de fato se identificaram com o novo serviço de colaboração e gestão de ideias.

O olhar empático do Design Thinking nos permite atacar um problema utilizando novos pontos de vista e com isso trabalhar em ideias que, antes de mergulharmos na mente de outras pessoas, não estavam disponíveis.

CAPÍTULO 7

O SEGREDO DA MAÇÃ

"Eu prefiro pensar que estamos nos divertindo. Acho realmente que nossos consumidores amam nossos produtos. E nós continuamos a tentar melhorá-los.

Steve Jobs, fundador da Apple

Recentemente, a Apple conquistou o título de marca mais valiosa do mundo pelo conceituado ranking BrandZ,[19] que utiliza, entre outros critérios, dados fornecidos pela rede de informação financeira Bloomberg. Atualmente, não há um índice econômico no qual a maçã não apareça à frente da Microsoft. Mas qual será o segredo de Jobs e sua equipe? Como uma marca consegue alcançar esse patamar de adoração dentre seus consumidores sem, supostamente, preocupar-se em pesquisá-los, conforme afirma?

Vamos colocar as coisas em perspectiva. Por mais que Jobs tenha conquistado ao longo dos anos uma credencial indiscutível sobre a sua capacidade de colocar no mercado produtos e serviços inovadores, nenhuma empresa opera o tempo todo sob as decisões de um único homem. Sem desmerecer, obviamente, a influência de Jobs nas resoluções da Apple – mesmo ele, considerado intocável, teve de passar por ciclos exaustivos de aprovações para emplacar suas ideias. Claro, isso acontece pois o imaculado Steve Jobs também errava. E já errou muito. Em seu passado estão registradas algumas péssimas escolhas impulsivas que alguns acionistas da Apple prezam por garantir que não se repitam.

Quando Jobs afirmava que não fazia pesquisa, ele não queria dizer que não investia, e muito alto, em compreender desejos, hábitos e valores das pessoas. Na verdade, ele e sua equipe gastavam muito tempo mergulhados no universo de seus consumidores mais fanáticos: eles mesmos. A Apple é uma das poucas marcas que possui o privilégio de ter uma base de usuários apaixonados farta o suficiente para, dificilmente, precisar de uma terceira opinião. Os engenheiros e designers da Apple trabalham o tempo todo para criar produtos e serviços que eles amariam utilizar. E acredite, isso faz toda a diferença.

Além disso, com uma legião de bilhões de fãs aficcionados pela marca, não é difícil para a maçã angariar pessoas para testar seus futuros lançamentos antes que alcancem o mercado. Assim, suas soluções, ainda em beta, são constantemente disponibilizadas para que essas pessoas as testem e sugiram melhorias, vagarosamente amadurecendo os protótipos até que alcancem a versão de lançamento. Ao contrário do que acontece com a maioria das empresas, para o consumidor da Apple, ser escolhido para testar uma de suas soluções antes do seu lançamento não é trabalho e sim um baita privilégio. A Apple, por sua vez, retribui esse desejo de colaborar ao prover feedbacks e considerar as sugestões de seus leais consumidores.

Esse canal de relacionamento é levado a sério na empresa e traz resultados bastante positivos para o negócio. A Apple literalmente trabalha junto com seus consumidores no aperfeiçoamento constante de suas ofertas. Quando Steve Jobs parafraseava Ford e dizia que não perguntava o que os seus consumidores desejavam, ele não estava necessariamente dizendo que não buscava outras formas de saber. Ele estava certo ao afirmar que as pessoas, se perguntadas diretamente, dificilmente serão capazes de verbalizar o que realmente pensam e querem. Mas ele, mais do que ninguém, sabia que existem outras maneiras mais eficientes de compreender e cocriar valor com essas pessoas e extrair desse processo inovações e melhorias de alto impacto.

Poucas marcas possuem uma comunidade tão vibrante e ativa como a Apple. Inclua aí todos os desenvolvedores de aplicativos para iPhone e iPad, músicos, escritores e diretores de cinema. Estamos falando de uma das mais complexas redes de cocriação de valor presentes hoje no cenário econômico mundial. Não é difícil perceber o impacto de toda essa colaboração nas ofertas da empresa. Devemos ter cuidado ao afirmar que a Apple não faz pesquisa. Talvez o mais coerente seja dizer que o que é conhecido por todos como pesquisa a empresa chama de diálogos. E a marca é "boa de papo".

CAPÍTULO 8

O MAPA NÃO É O TERRITÓRIO

"Eu sou uma parte de tudo que conheci."
Alfred Lord Tennyson

Henry Ford e Steve Jobs não poderiam estar mais corretos: o que as pessoas dizem não é necessariamente o que fazem e dificilmente reflete tudo o que pensam. Quando mergulhamos no universo delas, não estamos atrás das respostas diretas, mas principalmente atrás das perguntas corretas.

Por natureza somos incapazes de verbalizar precisamente tudo que pensamos. O caminho que a informação percorre em nosso cérebro – desde sua visualização na mente até sua transformação em palavras – inclui constantes perdas de significado e precisão. A mente mapeia a realidade com base em três estruturas de delimitação. As restrições neurológicas, culturais e individuais.

Quando citamos restrições neurológicas, estamos falando dos cinco canais cognitivos – ou os cinco sentidos – através dos quais percebemos a realidade à nossa volta. Qualquer coisa que passe despercebida por essas portas da percepção (olfato, paladar, tato, visão e audição) simplesmente não existe para nós. Mas não quer dizer que fisicamente não existam. Um músico com ouvido absoluto é capaz de perceber e distinguir sons que dificilmente outros perceberiam numa música. Esses sons existem e estão lá, mas não serão percebidos pela maioria das pessoas.

A cultura é um outro fator delimitador. Quando duas pessoas de diferentes culturas se comunicam, obrigando uma das partes a deixar de lado o seu idioma nativo, detalhes da mensagem original se perdem. Mesmo assistindo a uma conversa entre fluentes em algum idioma estrangeiro não é incomum observarmos essa discrepância entre o que a pessoa realmente imaginou dizer e o que conseguiu comunicar.

Quem também já não vivenciou a experiência de entrar em uma loja em outro país falando um bom inglês, e mesmo assim ser reconhecido como brasileiro? Isso acontece porque até mesmo a forma com a qual construímos a mensagem, antes sequer de atribuirmos vocábulos a ela, está impregnada de elementos de nossa própria cultura.

E por último nossas limitações individuais. Uma das principais funções do cérebro e do sistema nervoso é nos proteger da sobrecarga absurda de informação à qual estamos sujeitos todos os dias. Recentemente, neurocientistas do Salk Institute, na Califórnia, Estados Unidos, identificaram que somente entre 10% e 15% das informações recebidas por nós são de fato transmitidas adiante pelas sinapses. Uma sinapse é uma "fenda" através da qual os neurônios emitem sinais e se comunicam entre si. Ou seja, grande parte daquilo que nossos canais cognitivos captam é eliminado antes mesmo de ser propagado.[20]

Para garantir que esse processo de eliminação descarte somente informações irrelevantes, o cérebro usa o que chamamos de "filtro de relevância". Esse filtro é uma combinação de crenças, interesses, valores, gostos, contexto e das experiências vividas por cada indivíduo. Diversas evidências desse fenômeno de filtragem são conhecidas. Quantas vezes adquirimos alguma coisa ou aderimos a um novo hábito e automaticamente passamos a notar coisas relacionadas a isso, que sempre estiveram à nossa volta e nunca percebemos? É comum comprarmos um carro, por exemplo, para em seguida começarmos a ver muitos carros parecidos com o nosso à nossa volta.

O que você vê na foto da página a seguir?

Não parece muito difícil, certo? O curioso é que quando essa mesma imagem é apresentada para crianças, essas relatam enxergar uma série de golfinhos. A explicação para esse fenômeno está no fato de que crianças dessa idade ainda não vivenciaram a experiência da sexualidade. Elas não possuem esse registro. Portanto, o "óbvio que é isso" delas ainda é outro. Esse simples exemplo comprova que a maneira de cada indivíduo perceber o mundo está diretamente conectada às experiências que já teve, e às crenças e aos valores resultantes dessas experiências.

A mente humana é complexa. As pesquisas quantitativas, amplamente adotadas para nortear estratégias, são de fato superficiais para compreender pessoas e não chegam nem perto de decodificar esses mapas e estruturas. Muitas empresas se acostumaram a utilizar pesquisas da mesma maneira que um bêbado utiliza um poste: mais pelo apoio do que pela iluminação.

VOCÊ NÃO PRECISA DE MAIS UM FOCUS GROUP

Os focus groups são reuniões com grupos de clientes conduzidas em espaços estéreis, muitas vezes incluindo espelhos falsos e pessoas ávidas por respostas por trás desses espelhos. Acontecem geralmente às vésperas de um novo lançamento ou grande mudança e possuem objetivo mais voltado para a avaliação, uma espécie de teste, para entender o impacto e as chances de sucesso que um produto, embalagem ou até mesmo novo serviço terá com o consumidor final.

A razão pela qual você não precisa de mais um focus group é simples e deixamos ela clara jájá. Você está sentado confortavelmente lendo esse livro? Bem, talvez não. Mas com certeza lavando louças você não deve estar. Ainda. Mas isso está prestes a mudar. Em vez de simplesmente racionalizarmos o motivo de focus groups falharem, decidimos fazer você experimentar isso em primeira mão. Pronto?

1. Feche os olhos e descreva como é a experiência de lavar louças. Concentre-se e anote todos os detalhes que você conseguir imaginar.

2. Agora, peça para outra pessoa lavar louças (não abuse) e observe-a atentamente enquanto o faz. Anote todos os pequenos passos envolvidos no processo e não deixe nada de fora. Procure observar onde a esponja descansa entre o enxaguar de um prato e outro. Como a pessoa se movimenta na cozinha, o que está utilizando, como organiza a louça ainda ensaboada – pratos têm prioridade para serem lavados ou são os copos? Com que frequência ela abre e fecha a torneira, ou será que ela deixa a água correndo o tempo todo? Anote tudo.

3. Agora compare as anotações do exercício 1, com as do exercício 2. Qual é a mais rica e mais confiável para guiar um projeto sobre como ajudar donas de casa a otimizar seu tempo na cozinha? A resposta é óbvia. E é pouco provável que você nunca tenha lavado louças antes. Então o que houve com a riqueza de detalhes do primeiro exercício? Por que o contexto não se fez presente em detalhes quando você apenas tentou imaginar a cena?

O contexto é o "google" da mente humana. Um cheiro, uma música ou o retorno a um lugar do passado pode fazer com que nossa mente viaje décadas no tempo e traga à tona, com riqueza de detalhes, lembranças que foram estampadas em um passado bem distante. Em compensação, ao removermos as pessoas do contexto habitual no qual o comportamento ocorre, grande parte da riqueza de detalhes presente em suas mentes se perde. As pessoas colocadas em um ambiente desconexo, por mais que se esforcem, não conseguem, apenas imaginando, reproduzir de maneira precisa o que realmente pensam ou fazem. E, para piorar, irão preencher as lacunas com coisas irrelevantes ou erradas.

No exercício 1 você experimentou a mesma sensação vivenciada por uma dona de casa em uma sessão de focus groups. Mesmo que a maioria das coisas que você anotou no exercício 1 tenham se mostrado próximas à realidade, temos certeza que um universo inteiro sobre o ritual de lavar louças se abriu para você durante o exercício 2, com uma riqueza de detalhes jamais imaginada. Se julgar necessário, repita o mesmo exercício só que dessa vez estudando o ato de dirigir.

O problema com focus groups é que as sessões passam a falsa ideia de envolvimento do consumidor final. Ao ser envolvido somente na etapa de validação, esse consumidor, quando indagado a emitir uma opinião, externaliza insights superficiais e responde muita coisa com base em "achismos". Afinal, ele está fora do contexto natural de uso e já vimos que as pessoas nessa situação tendem a ter natural dificuldade na exatidão de suas colocações.

Disparar perguntas para uma sala lotada de pessoas e esperar profundidade e confiabilidade nas respostas nos soa demasiadamente inocente e, algumas vezes, perigoso.

Mas não saia por aí tentando convencer as pessoas de que não é uma boa ideia realizar um focus group. Ao invés disso aproveite a oportunidade de ter consumidores disponíveis por duas horas, deixe o questionário de lado, e pense em uma maneira mais produtiva e divertida de extrair real valor desse encontro.

CAPÍTULO 9

O PODER DOS EXTREMOS

"O que chamamos de 'normal' na psicologia é, na verdade, a psicopatologia da média, tão pouco dramática e tão extensivamente comum que nós geralmente nem a percebemos."
A. H. Maslow, introdução à *Psicologia do Ser*

Talvez o maior desafio da pesquisa de imersão seja o processo de escolha das pessoas em cuja vida mergulharemos. Fugindo da superficialidade, nosso foco é conhecer poucas pessoas mas de maneira profunda. Suas histórias de vida e personalidades, combinadas com seus pontos de vista, são para nós insumos valiosos para a construção do entendimento que vai gerar diretrizes sólidas para o projeto.

Ao optarmos por conversar com menos pessoas, precisamos selecioná-las cuidadosamente. Nessa etapa, privilegiamos pessoas extremistas, que possuem opiniões e atitudes muito bem resolvidas sobre o que estamos tentando compreender; assim diminuímos o risco de ter conversas rasas, da mesma forma em que aumentamos a riqueza de detalhes coletados. Um usuário mediano na maioria das vezes não possui uma ideia clara, rica e pronta para ser expressada. Já usuários extremos geralmente possuem mapas mentais claros referentes àquilo que fazem, como fazem e como se sentem ao fazer.

Sim, sabemos que ao utilizar usuários extremos em pesquisas não poderemos extrapolar para uma população maior os insights adquiridos. E essa não é a intenção de uma pesquisa de imersão. A intenção não é chegarmos a uma média da percepção de várias pessoas, mas justamente captar os pontos de vista únicos de algumas delas e utilizá-los como inspiração para projetar. Se um novo modelo de utensílio de cozinha for projetado para ser manuseado por usuários com artrite, são grandes as chances de que seja percebido como fácil e confortável também por pessoas comuns. Esse foi o caso da Oxo Good Grips.

Produtos Oxo Good Grips

A marca icônica fundada por um marido que notou a dificuldade de sua esposa para manusear os utensílios de cozinha devido a sofrer de artrite.

Projetar para os "extremos" não significa projetar coisas extremas. Um novo serviço pensado para superar as expectativas de um grupo de usuários extremos será mais bem recebido por pessoas comuns do que um pensado para atender a usuários displicentes. Projetar para essas pessoas é algo parecido com, na linguagem do negócio, trabalhar estratégias em cima de cenários "best e worst case". Fazer uma pesquisa de imersão com usuários medianos é tão pouco eficiente quanto planejar uma estratégia com base apenas num cenário que é a média dessas extremidades.

É sempre mais seguro e mais preciso quando podemos pensar: "Disso aqui não passa, e menos que isso é impossível." Os extremos ajudam a traçar os limites que devem ser atendidos pela nova oferta. As opiniões dessas pessoas, muitas vezes radicais, dão pistas do que outros também pensam, mas não têm vontade de expressar ou não se sentem confortáveis para isso.

Faça um teste. Dentre os seus colegas de trabalho escolha dois que enfrentam muitas horas de trânsito todo dia, mas com os seguintes perfis:

1. Um é completamente inconformado com essa situação.
2. O outro também não gosta, mas diz que já se acostumou.

Agora faça três perguntas para eles, tomando o cuidado de não influenciá-los a dar qualquer resposta:

A) Nos últimos quatro dias, quantas horas você ficou preso no trânsito, exatamente?
B) Fale-me um pouco mais sobre o que irrita você na forma como as outras pessoas dirigem.
C) Como fazer para mudar o trânsito das grandes cidades?

Se você recrutou os perfis corretos, nós acreditamos que teve uma experiência mais rica e completa ao conversar com o participante 1. Provavelmente ele foi mais exato ao responder a pergunta A, mais emotivo na B e na pergunta C ele certamente já tinha alguns pontos de vista, não importa se radicais, sobre como mudar as coisas.

Algumas pessoas reagem de forma mais agressiva quando presas em um grande engarrafamento. Essas pessoas podem ir ao extremo do stress e, com isso, registram cada momento dessa experiência com maior intensidade. Quando consultadas, elas são capazes de trazer à tona detalhes sobre o problema que enfrentaram, informações essas que jamais seriam lembradas por um usuário mais comum que, ao se ver em um grande engarrafamento, liga o rádio, sobe os vidros e esquece da vida até chegar em casa. Sem dúvida que essas pessoas, as mais passivas, também estão incomodadas. Elas também querem chegar em casa, porém registram de maneira menos intensa a experiência. No fim, muitas das soluções construídas pensando em aliviar o stress do "senhor volante"[21] serão também benéficas para os usuários mais comuns.

Da mesma maneira, quando falamos sobre usuários extremos não estamos necessariamente nos referindo a pessoas que utilizam muito ou pouco um serviço. Nem mesmo a classes ou funções sociais diferentes. Se estivéssemos falando sobre um projeto para melhorar serviços de uma rede de cinemas, por exemplo, a nossa preocupação não seria categorizar essas pessoas considerando a frequência com que vão ao cinema e a sua renda. Estaríamos mais preocupados em separá-las através da observação de comportamentos contrastantes. Bons perfis em um projeto como esse poderiam incluir pessoas que fazem fila e acampam na frente do cinema para assistir a uma estreia, críticos de cinema e até mesmo viciados em filmes piratas.

Lembre-se de que uma pessoa da classe A pode ter o mesmo modelo de tomada de decisões que uma pessoa da classe C, em determinado assunto ou área de sua vida. Uma diferença de acesso a recursos não necessariamente define uma diferença de ponto de vista ou abordagem.

Durante um projeto com a Vodafone, empresa de telefonia celular europeia, nossa equipe mergulhou na vida de alguns consumidores com o objetivo de entender como o uso do serviço de telefonia celular permeava seu cotidiano. Uma das participantes, que chamaremos aqui de Joana, viajava frequentemente a negócios e nos contou sobre como se irritava profundamente quando chegava em casa e mal conseguia abrir a porta por conta da quantidade de contas que havia se acumulado no chão. Quando finalmente entrava em casa ainda tinha que separar algum tempo para abrir cada envelope, de forma a colocar sua vida em dia. Para Joana, por mais que isso não estivesse diretamente ligado ao uso e performance do celular, esse era o seu principal ponto de stress.

Esse ponto de vista inspirou a equipe durante a criação de uma nova plataforma de serviços para a Vodafone. Uma das estratégias resultantes consistiu em prover aos usuários a possibilidade de associar mais de uma conta em uma mesma cobrança – o que poderia incluir contas de internet, TV a cabo e telefone fixo até mesmo de outros fornecedores. Ao aderir ao novo serviço, o usuário passa a receber uma única conta integrada, verifica sua taxa de uso de cada serviço e efetua um único pagamento. A Vodafone se encarrega do resto. Esse novo modelo de relacionamento nasceu inspirado pela situação da Joana, mas não é difícil encontrarmos outras pessoas, com perfis até bem diferentes, que gostariam de ter acesso a um serviço como esse.

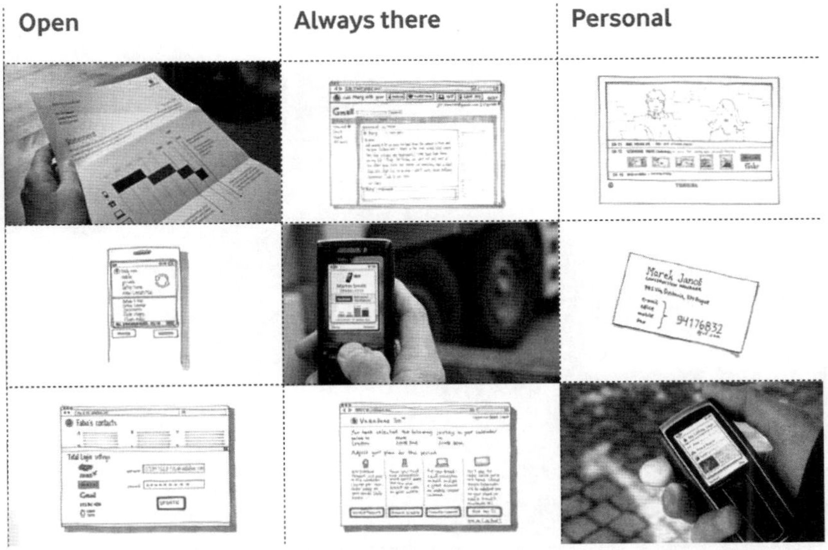

Alguns dos princípios do serviço de telefonia desejados pelas pessoas e encontrados ao longo da etapa de imersão, e as soluções que os endereçam na plataforma Vodafone 360°.

CAPÍTULO 10

MERGULHOS EMPÁTICOS

"Você pode estar vendo, mas não está observando. A diferença é bem grande."
Sherlock Holmes, *Um escândalo na Bohemia*

Uma pesquisa etnográfica é por definição um estudo feito para compreender como as pessoas conduzem suas vidas, realizado de preferência nos locais onde vivem e trabalham. O pesquisador deve observar, sem interferir, pessoas em seus hábitats naturais para tentar decodificar seus comportamentos, crenças, valores e pontos de vista.

A origem da etnografia é creditada ao antropólogo Bronislaw Malinowski, que estudou membros de tribos em Papua (que depois se tornou Papua Nova Guiné). A história desse trabalho, que veio a se tornar um de seus projetos mais famosos, é bem curiosa. Após conduzir suas pesquisas iniciais, Malinowski tentou voltar para a Europa, mas teve a sua entrada vetada por ser de origem polonesa, logo no começo da Primeira Guerra Mundial. O governo então lhe deu a opção de permanecer em regime de internação durante toda a duração da guerra ou voltar a se exilar nas Ilhas Trobriand, onde estava anteriormente.

Ele nem pestanejou e decidiu voltar e seguir com seus estudos. O antropólogo mergulhou no dia a dia dos nativos da ilha, realizando uma vasta pesquisa de campo para estudar os seus hábitos e cultura, num trabalho que é considerado por muitos como a primeira manifestação prática da etnografia. Ele pode ser conferido em detalhes no livro *Argonauts of the Western Pacific*, de 1922, escrito pelo próprio Malinowski.[22]

Malinowski com um grupo de nativos nas Ilhas Trobriand em 1918.

Talvez você seja um empresário de uma pequena loja de vinhos ou uma executiva de uma multinacional, e esteja pensando o que isso tem a ver com você. Bem, talvez os nativos de Papua Nova Guiné não tenham mesmo nada a ver com o seu dia a dia. Mas não é sobre eles que falaremos neste capítulo. Muito menos achamos viável que você viva durante seis meses na casa de um cliente para entender como ele pensa e toma decisões. Mas seria legal se houvesse uma maneira de adquirir esse conhecimento sobre seus clientes e utilizá-lo a favor do seu negócio, não seria?

Diferentemente dos antropólogos, quando designers executam uma etnografia eles não estão focados em decodificar toda a estrutura de uma cultura. A etnografia proposta pelo Design visa a compreensão de situações de uso e pontos de vista que possam ser úteis para um projeto. Isso acontece porque designers estão sempre projetando algo, e, como sabemos, todo projeto possui restrições de tempo, custo e recursos. Com estas limitações em mente, cabe à equipe definir a melhor maneira de ganhar conhecimento sobre os usuários sem que isso conflite demais com a dura realidade restritiva de um projeto.

Para criarmos esse vínculo e entendimento sobre as pessoas, não precisamos passar meses dormindo ao lado delas. Muitas vezes basta observá-las por algumas horas ou dias em situações reais de uso e estabelecermos conversas abertas com elas.

Isso demanda que a equipe saia da bolha, abandone o seu mundo viciado pelo olhar crítico e experiente e adquira um olhar curioso e inocente como o de uma criança. É esse olhar a chave para penetrarmos no universo dessas pessoas, sem preconceitos e ávidos para aprender novos pontos de vista.

A pesquisa etnográfica ou de imersão é a etapa mais crítica de um projeto. Muito glamurizada, a etnografia pode transmitir a sensação de cool ou hype, mas a verdade é que durante uma pesquisa de imersão os pesquisadores precisam se expor às mais variadas situações e devem estar prontos para isso. Um dia você está escalado para realizar uma entrevista de profundidade com o vice-presidente de uma grande corporação. No outro, precisa acompanhar um neurocirurgião em ação ou passar a noite com uma família desabrigada.

NINGUÉM ESTÁ À PROCURA DO INSIGHT PERFEITO

Insights são estímulos, pequenos fragmentos de informação coletados pela equipe, e que sozinhos transmitem pouco significado, mas que quando são colocados juntos contam histórias e ilustram cenários, esclarecendo pessoas, crenças, hábitos e valores.

Não estamos em busca do insight perfeito. Insights são meros pedacinhos de informação. Coisas que você percebeu, sentiu ou pensou enquanto observava e interagia com alguém. Não existe um melhor ou pior. Registre tudo que julgar necessário e não seja tão duro consigo mesmo. Algumas coisas que serão registradas realmente não servirão para nada, mas esse é um típico caso em que é preferível pecarmos pelo excesso.

Uma boa saída de campo é sempre precedida por uma fase extensa de preparo e estudo do contexto que será pesquisado. Nesse momento, a equipe precisa definir um foco de pesquisa e procurar as pessoas com os perfis desejados.

Material utilizado em workshop com adolescentes em projeto no setor financeiro no Brasil.

A escolha das técnicas que serão utilizadas também faz parte dessa etapa. No fim, nenhuma técnica de pesquisa, não importa o quão interessante ou de vanguarda seja, funcionará perfeitamente se não for adequada aos obstáculos que a equipe de projeto terá de enfrentar em campo.

As dificuldades para a realização de um estudo etnográfico já começam no processo de convencimento e obtenção de autorização. A verdade é que muitos patrocinadores em um projeto julgam que já existem dados suficientes de pesquisas anteriores para suportar o desenvolvimento.

Ao se encontrar nessa situação, tente não ser técnico e aproveite a oportunidade para ser empático e se expressar utilizando a linguagem do negócio. Lembre-se de que ninguém, além de você, está superempolgado em sair por ai visitando a casa de estranhos, portanto se mantenha focado nos valores que a saída de campo agregará ao projeto.

Quando alguém sugerir rodar de novo "aquela" pesquisa que da última vez retornou a opinião de 12 mil pessoas, argumente que aquelas opiniões são interessantes mas superficiais e que o projeto também será beneficiado positivamente se a equipe conseguir informações mais profundas sobre como pensam os consumidores.

Sair a campo também exige cara de pau, e, algumas vezes, bastante coragem. Você se sente pronto para passar a noite num vilarejo em Luanda, Angola, ou marcar um almoço e bate-papo na casa de uma família no Complexo do Alemão no Rio de Janeiro? Se sim, então bem-vindo ao time.

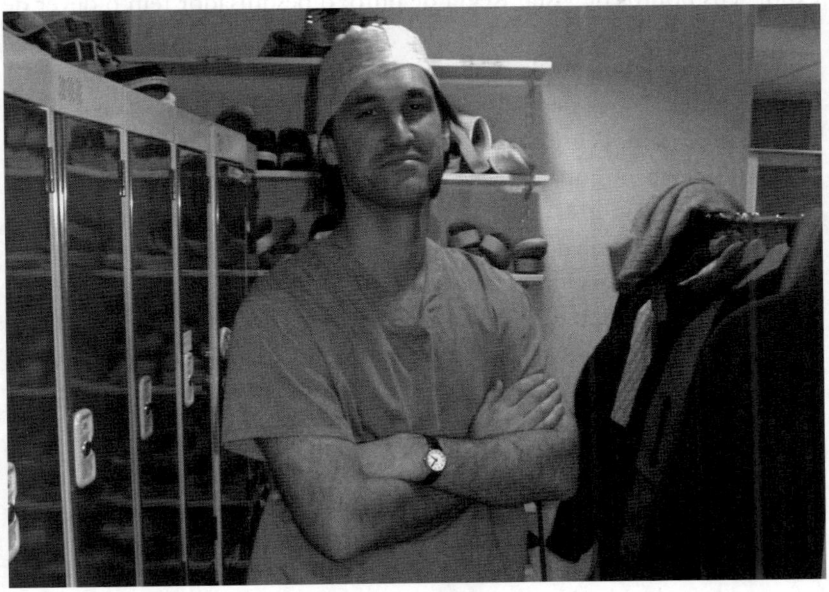

Ben Reason fazendo shadowing em um procedimento cirúrgico.

MÃO NA MASSA

Ok, vamos revisar nosso plano. Antes de sair a campo, sente-se com a sua equipe para pesquisar e estabelecer uma base sólida de conhecimento sobre o desafio que estão enfrentando e as pessoas que irão entrevistar. Lembre-se de que muitas informações podem ser encontradas na internet, e elas ajudarão a nortear o processo de estruturação da pesquisa. Um bom plano de voo ajuda a evitar perdas de tempo e melhorar o foco. É verdade que muitos dos melhores insights saem de situações de improviso, mas até para conseguir improvisar é necessário que o plano básico da pesquisa esteja em dia.

Se for entrevistar usuários é importante ter um guia com os temas que deseja abordar, mas o bate-papo não poderá de forma alguma descambar para um interrogatório. O pesquisador deve fazer a entrevista parecer uma conversa gostosa, fazendo com que o outro lado se sinta bem para expor seus pontos de vista. Regra de ouro: o pesquisador tem o dever de fazer a conversa fluir.

Uma outra maneira de melhorar a interação com os participantes é utilizar materiais que permitem que eles autodocumentem o que pensam e como se sentem. Pense em cada um desses detalhes quando fizer o plano de pesquisa. Até a roupa que sua equipe vai utilizar deve ser considerada. As pessoas tendem a se abrir mais com pessoas com as quais se identificam. Se o público-alvo usa uniforme em seu dia a dia, consiga um ou tente usar vestes parecidas com as deles.

Normalmente algumas pessoas ficam intrigadas com o nosso interesse em suas vidas. Para elas, o que perguntamos não passam de coisas cotidianas e nada interessantes. Então é de grande ajuda, antes de encerrar a pesquisa, explicar aos participantes que as informações compartilhadas por eles foram fundamentais e irão ajudar bastante no desenvolvimento do projeto.

DESCARREGAR E ANALISAR

Após uma saída de campo vem o momento de descarregar e analisar a informação coletada. Nesse momento, estamos preocupados em evidenciar tudo o que aconteceu e externalizar todas as impressões e sensações que tivemos em campo. Incluindo aí todas as anotações, vídeos, desenhos e imagens coletadas. Para não perdermos informações preciosas, sempre processamos os resultados da pesquisa logo após o seu encerramento, e nunca entramos num segundo round de pesquisa sem antes garantir que o material gerado no primeiro round esteja registrado e organizado.

Muitas das técnicas que utilizamos para trabalharmos nessa etapa de imersão estão inclusas no Service Envy Toolkit (SET), o kit de ferramentas que acompanha este livro. Dedique tempo para ler os métodos e compreender como se encaixam nos mais diversos contextos.

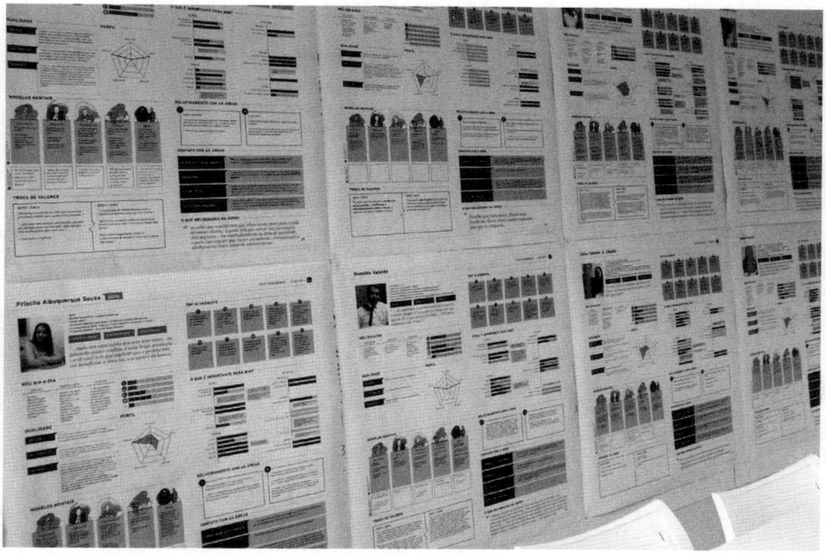

User Boards utilizados para download de pesquisa em projeto no Brasil.

CAPÍTULO 11

ANTECIPANDO PROBLEMAS E MELHORANDO EXPERIÊNCIAS

"Um homem que segura um gato pelo rabo aprende algo que não aprenderia de nenhuma outra forma."
Mark Twain

Falando sério, você lembra a última vez que por prazer ou tempo disponível decidiu ler o manual de alguma coisa antes de colocá-la para funcionar? Onde foram parar as lojinhas de assistência técnica? Hoje em dia a qualidade e facilidade de uso se tornaram atributos mínimos exigidos e esperados pelo consumidor. O que não é de uso intuitivo é "complicado demais".

Da mesma maneira, nada pode parar de funcionar ou quebrar fácil, senão sairá do mercado em pouco tempo. Ninguém tem tempo de consertar nada, e muitos aparelhos que pifam acabam parando no fundo de um armário ou na lata de lixo.

Também acabou aquela história de "vou comprar esse porque é mais barato e quando quebrar eu compro outro". Se você comprou o mais barato, provavelmente comprou o mais feio, o menos prático e o menos confortável de usar. Mas, pasme, o troço vai durar.

Na live|work, damos o nome de SU (service usability) ao método que criamos para testar serviços existentes junto com usuários reais e mapear pontos de stress e barreiras de uso. Fazemos isso para compreender como tornar as coisas simples e intuitivas e garantir que funcionem bem com as pessoas para as quais foram projetadas. Dentre as inúmeras variáveis que podemos utilizar como base para compreender como um usuário se sente ao utilizar algo estão o risco e a confiança, níveis de stress de conforto, a segurança e a satisfação.

RISCO E CONFIANÇA

Tome como exemplo a sinalização de uma estrada como a que aparece na foto. Uma placa mal posicionada pode aumentar de maneira considerável o índice de acidentes ao confundir motoristas e diminuir o tempo de resposta das pessoas.

Conjunto de placas na rodovia que liga São Paulo a Campinas.

STRESS E CONFORTO

Um deve ser reduzido, o outro almejado. Todos nós já estivemos numa sala de espera de um laboratório de exames, na fila de um banco ou de um órgão público. Enquanto você aguarda ser chamado, fica desnorteado sobre a sua posição na fila. Nesses lugares é comum ter dificuldade para se concentrar em outra coisa que não seja o painel de controle de senhas, que parece estar sorteando números lotéricos a cada aviso sonoro. O painel demanda que você olhe para ele o tempo inteiro para saber se chegou a sua vez, o que é irritante, desconfortável e estressante.

Uma típica sala de um laboratório de exames e diagnóstico.

SEGURANÇA

É um dos fatores mais críticos. Olhe as imagens. Numa delas, fica claro que deve ser uma aventura caminhar no corredor daquele supermercado. Diversos clientes se desdobravam e precisavam ser verdadeiros ginastas para não se engancharem em alguma coisa enquanto compravam. É claro que as chances de alguém morrer ao tropeçar numa caixa dessas são mínimas, mas um ambiente assim aumenta consideravelmente o nível de stress das pessoas, diminuindo o seu tempo de permanência na loja, o que causa impacto direto no faturamento da mesma.

Corredor de supermercado.

SATISFAÇÃO

Após o uso, idealmente as pessoas devem formar uma imagem positiva da experiência que tiveram. A satisfação é, portanto, uma resultante da soma de todos os outros fatores. Se o usuário se sentir seguro, confortável, pouco estressado, navegar e compreender com facilidade o seu papel e tiver a sua expectativa alcançada ou superada, poderá se considerar satisfeito.

Muitas empresas mensuram constantemente a satisfação dos clientes em relação às suas ofertas. Mas o fazem sem a compreensão de que estão de fato medindo um índice generalista. São os outros indicadores, mais específicos, que nos permitem entender e enxergar como aprimorar o serviço e elevar a percepção de satisfação do cliente.

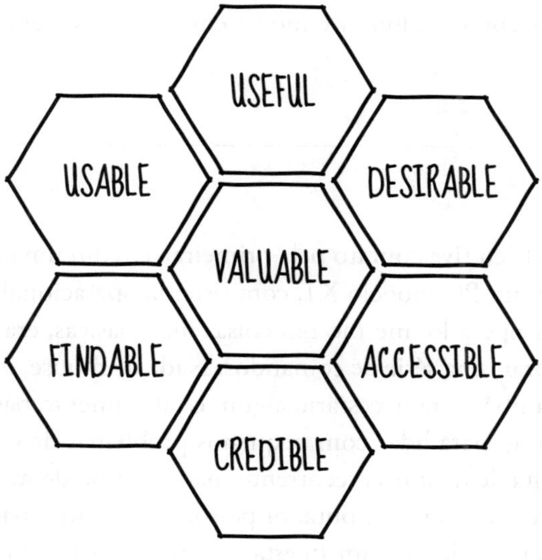

O modelo do favo de mel define que uma oferta deve combinar atributos que garantem o seu bom uso com aspectos emocionais que inspiram as pessoas para que busquem utilizá-la.

No livro *Usability Engineering*, de 1993,[23] o autor Jakob Nielsen pontua outros três atributos importantes da usabilidade:

1. Baixa taxa de erros, que é a medida pela qual o usuário é induzido ao erro por um sistema ou produto e a facilidade com a qual o usuário consegue se recuperar de uma falha.

2. Facilidade de aprendizagem, que determina a rapidez com que um usuário consegue interagir com alguma coisa logo na primeira vez em que o faz.

3. Facilidade de memorização, porque uma coisa é interagir pela primeira vez; outra é conseguir interagir novamente, seja localizando uma seção dentro de um site, seja entendendo como gravar vídeos numa máquina fotográfica.

Um serviço é composto por uma rede complexa de interações e canais com o consumidor. O SU (service usability) nos ajuda a ter insights relevantes sobre como melhorar e inovar em meio a esse emaranhado de conexões.

UX

"Aos 11, eu tive contato pela primeira vez com um computador. Era um PC modelo XT, com sistema operacional DOS. Para saber operá-lo, mesmo nas coisas mais básicas, era necessário decorar uma série de comandos. Nada de mouse, isso não existia. Também era necessário algum conhecimento básico de programação para lidar com pequenos problemas de configuração e falta de memória recorrentes naquele tipo de máquina. Com certeza era um computador pessoal, mas sem dúvida não era algo que todos faziam questão de ter em casa. Era caro, grande, e, principalmente, difícil de usar.

De lá para cá, se passaram pouco mais de 20 anos e acompanhei passo a passo a evolução deste e de outros aparelhos. O surgimento da internet, de suas linguagens de programação, das primeiras lojas virtuais e dos serviços on-line. A primeira vez que ouvi o termo 'usabilidade' foi durante um curso em 2000, e não imaginei que alguns anos depois iria respirar o assunto e perceber que era possível tornar as coisas mais fáceis de usar se estudássemos como, por quem e em qual contexto elas eram utilizadas.

Como a palavra diz, usabilidade significa ser utilizável, ter uso fácil. Como consumidor, eu não quero e não posso gastar dois minutos programando um GPS enquanto estou a caminho de uma reunião. Isso pode acabar em multa ou acidente. E nem quero pensar quanto tempo leva para o milho virar pipoca. Prefiro apertar o botão "pipoca" no meu microondas. Sequer quero finalizar uma compra na internet e só na última hora perceber que não aceitam parcelamento no cartão de crédito. Eu preciso desta informação na hora em que estou tomando a decisão de compra.

Como especialista em usabilidade, sempre que vou para uma pesquisa procuro me colocar no lugar do usuário. Claro que existe a técnica, a observação, e experiência, mas o exercício constante do olhar e o filtro apurado para registrar o que realmente importa é o que faz o teste de usabilidade algo realmente fascinante.

Tive a oportunidade, nos últimos seis anos, de trabalhar em mais de 50 projetos ligados à usabilidade. Lojas virtuais, sites de companhias aéras, internet bankings, caixas eletrônicos, URA (Unidade de Resposta Audível), sites de varejo, sites institucionais, site de indústrias, seguros. Enfim, trabalhei com dezenas de instituições de grande e médio porte, sempre com o objetivo de tornar alguma coisa mais fácil de usar para as pessoas.

Do ponto de vista do usuário, usabilidade é a facilidade de utilizar. Para a área de marketing é valor agregado à oferta. Para TI é redução na quantidade de retrabalho em manutenção e programação. Para webdesigners é o layout intuitivo. Para o SAC é a redução na quantidade de ligações e reclamações. E para o negócio como um todo é uma forma de introduzir o componente mais importante no processo de criação e tomada de decisão: o cliente.

Usabilidade é o ato de trabalhar junto com o cliente para compreender como ele gostaria que funcionasse. É o processo de busca pelo modelo mental do usuário e de fuga do modelo mental do programador."

Alexandre Miranda é um dos profissionais com maior experiência prática na execução de testes de usabilidade no Brasil. Hoje, atua como consultor de User Experience na G&S Ecommerce, empresa do grupo Gouvea de Souza. Em sua carreira gerenciou projetos de usabilidade para marcas como UOL, Itaú, Bradesco, TAM, Hering e outros.

PARTE III

COLABORAÇÃO

Compreenda a importância de equipes multidisciplinares e de envolver as pessoas durante o ciclo de desenvolvimento de projetos. Aqui, vamos falar a fundo sobre o processo de geração e seleção de ideias.

CAPÍTULO 12

SOMOS TODOS CONTADORES DE HISTÓRIAS

"As pessoas desaprenderam a contar histórias. Histórias não têm mais um meio e um fim. Elas agora têm um início que fica continuamente sendo iniciado."
Steven Spielberg

Antes de começarmos a desenvolver ideias, nós precisamos compartilhar com os outros membros da equipe as histórias que ouvimos em campo e o que mais nos chamou a atenção. Nada é capaz de substituir a experiência de estar em campo convivendo com outras pessoas, mas uma história bem contada é, sem dúvida, uma forma de chegar bem perto disso. É bem verdade que o processo de contar histórias permeia todo o projeto, mas é na transição entre a etapa de imersão e preparo para a cocriação de ideias que essa habilidade impacta substancialmente os possíveis resultados.

Na pré-história, para o homem das cavernas, contar boas histórias não era uma regalia de criativos, era uma necessidade de sobrevivência. A contação de histórias representava a única maneira de propagar ensinamentos de geração em geração. Esses ensinamentos incluíam coisas fundamentais para a sobrevivência, tais como quais animais eram perigosos, quais poderiam ser caçados, que plantas eram comestíveis e quais não deveriam sequer serem tocadas.

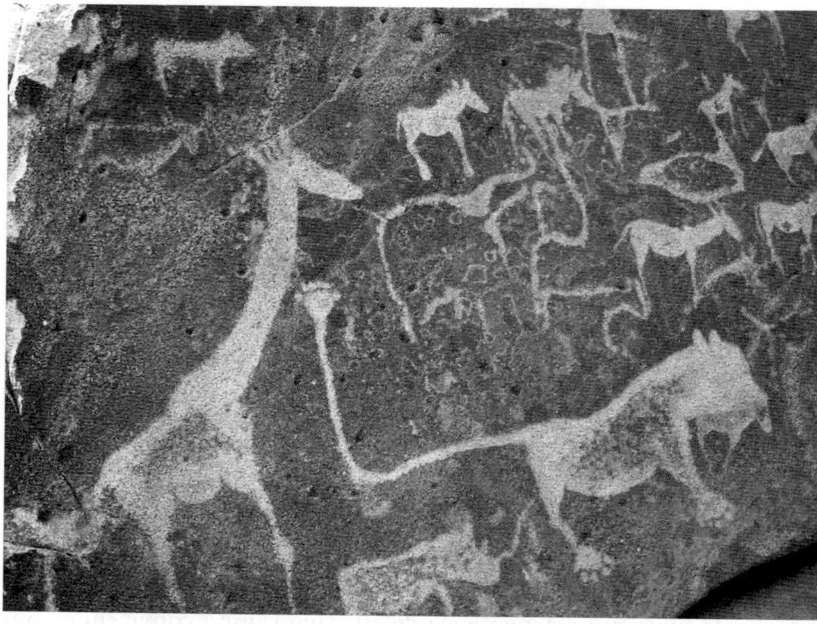

Twyfelfontain na Namíbia. Essa área preservada guarda inúmeras evidências da contação de histórias da pré-história.

Ao longo de muitos anos fomos assim. Dependíamos de boas histórias para passar para a frente nosso legado e conhecimento. A era da informação inundou o mundo de dados e pôs um fim nisso. Nos tornamos viciados em citar fatos em vez de trazer à tona as histórias que esses fatos sustentam.

Em 2010, o neurocientista Greg Stephens, da Universidade de Princeton, publicou um estudo sobre a relação entre contadores de histórias e ouvintes.[24] Nele, sua equipe usou máquinas de ressonância magnética para analisar o cérebro de pessoas que contavam uma história e o de seus ouvintes. Incrivelmente, Stephens notou que durante a história, os dois participantes ativavam as mesmas áreas do cérebro as quais, além disso, atingiam frequências bastante parecidas.

Esse estudo é um marco fundamental que nos permite entender cientificamente o impacto profundo que o contar de uma boa história tem na relação empática entre duas pessoas.

Já perdemos a conta de quantas ideias de grande potencial vimos morrer simplesmente porque foram comunicadas na hora errada, para pessoas erradas e usando formatos técnicos e de pouco engajamento emocional. Aprender como contar boas histórias permite melhor comunicar conceitos e ideias e isso passa a ser crucial para a sobrevivência de um negócio, considerando a atual selvageria do cenário competitivo.

CAPÍTULO 13

ESPAÇOS COMPARTILHADOS

"A melhor forma de realizar é parar de falar e começar a fazer."
Walt Disney

Ok, faz sentido certo? Mas como fazer para evidenciar e ilustrar essas histórias?

Durante o processamento das informações da saída de campo e para que nada se perca entre as etapas de imersão e a de geração de ideias, utilizamos o que chamamos de espaços compartilhados (shared spaces). Esses espaços são verdadeiras ilhas de informação visual, que se encontram disponíveis durante todo o projeto, permitindo que a equipe navegue sem perder a linha de raciocínio.

Eles podem tomar a forma de paredes imantadas, quadros brancos, painéis de cortiça, estruturas móveis modulares, enfim, todo meio que possa servir como vitrine para as informações do projeto.

E esses espaços não são exclusividade de consultorias de inovação. Diversos de nossos clientes implementaram shared spaces como estratégia de condução de projetos. Após observarem como nossos espaços compartilhados funcionam, essas empresas concluíram que isso não é sinônimo de brincadeira e sim de aumento de produtividade por trazer maior clareza e entendimento sobre o andamento dos projetos e maior integração dentre os stakeholders envolvidos.

Recentemente fomos procurados pela Incasa, empresa de salas de espelho que nos pediu para guiá-los no processo de implementação de espaços de cocriação em sua nova sede. É interessante vermos salas de espelho dando vazão a espaços de cocriação. Sinais dos novos tempos. ☺

Paredes para escrever formam um dos espaços compartilhados de nosso estúdio em São Paulo.

CAPÍTULO 14

CRIATIVIDADE COLETIVA

"Na longa história da humanidade (e dos animais), prevaleceram aqueles que aprenderam a colaborar e improvisar de maneira mais eficiente."
Charles Darwin

Quem ainda tem dúvida do poder da colaboração? Nós não. É fato que a diversidade presente na coletividade gera um potencial criativo bem maior do que o de um gênio sozinho. Não podemos mais imaginar que, no mundo atual, iremos continuar ditando respostas a quatro paredes sem sabermos nem ao menos ao certo quais as perguntas corretas.

Até pouco tempo atrás, o mercado funcionava da seguinte forma: as empresas desenvolviam seus produtos partindo de sua própria visão e capacidades internas de produção e os colocavam no mercado. Do outro lado, as pessoas iam até o mercado e compravam esses produtos. Simples assim. Acontece que esse cenário ganhou uma nova dinâmica na última década. De lá para cá temos presenciado cada vez mais o que os indianos C.K. Prahalad e Venkat Ramaswamy chamaram em 2004, em seu livro *O Futuro da Competição*, de cocriação de valor. Os consumidores, mais exigentes, insatisfeitos com as opções existentes no mercado e armados de novas ferramentas, estão exercendo influência na atuação das empresas. Eles agora demandam um novo tipo de relacionamento no qual podem criar entre si o valor que desejam consumir.

No novo mercado as ofertas passam a ser controladas em grande parte por esse consumidor, que determina, em meio a um mercado sucumbido de opções, o que é relevante para ele. O real valor de uma oferta também deixou, há algum tempo, de ser aquele que é "gritado" pelo negócio e passou a ser o resultado do que é experimentado pelas pessoas.

Antes de reservar um hotel numa cidade onde nunca esteve, você pode acessar um site de recomendação especializado como o **TripAdvisor.com** ou o **Booking.com** e encontrar opiniões de consumidores reais e com gostos semelhantes ao seu que o ajudarão, sem custo adicional, a tomar uma melhor decisão. A transparência e o valor gerado por tais ferramentas redefiniram de maneira expressiva o mercado de hotelaria, obrigando muitas redes a reverem suas estratégias de posicionamento e competitividade.

E o poder dessa cocriação de valor segue nos mais diversos setores da economia com exemplos como o **Gethuman.com**, site colaborativo que demonstra a maneira mais rápida de se alcançar um ser humano em call centers no mundo tudo e de quebra ainda permite que usuários classifiquem o atendimento telefônico dessas empresas. O valor de se alcançar rapidamente um atendente humano, constantemente negado ao consumidor, agora está disponível, querendo-se ou não, em uma plataforma completamente fora do controle dessas empresas.

Na atual economia cocriativa, o que for importante para as pessoas, e não estiver disponível, será cocriado e disponibilizado.

Grandes empresas como a Nike têm também, e já há algum tempo, oferecido aos seus clientes a oportunidade de cocriar ofertas. A poderosa vírgula tem usado a cocriação de valor de forma inteligente e crescente. Em sua página nikeid.com, a empresa de artigos esportivos permite que consumidores personalizem tênis, camisetas e até mochilas. Esses produtos são então produzidos "sob medida" e entregues aos seus coautores em poucas semanas.

Muito tem se falado também de outro sistema interessante de co-criação de valor: o crowdsourcing, conceito que tem se popularizado e sido usado por diversas empresas brasileiras e estrangeiras. Nele, o poder das massas é usado para a criação de novas ofertas. Algumas empresas abrem o seu processo de desenvolvimento, geralmente pela internet, e permitem que uma multidão de pessoas deem pitacos e proponham novas soluções para os desafios que a organização enfrenta.

E foi assim que nasceu o Fiat Mio, o carro conceito da Fiat. A montadora criou um site através do qual pessoas puderam colaborar com sugestões sobre como deveria ser o carro do futuro. A iniciativa gerou mais de 11 mil ideias, que foram enviadas por 17 mil internautas. O material foi filtrado por engenheiros e designers da Fiat e com base nele o carro tomou forma. O carro, apresentado em outubro de 2010 no Salão do Automóvel de São Paulo, foi batizado de Fiat Mio e é considerado o primeiro carro "código aberto" do mundo. Ao dar esse passo, a Fiat atraiu atenção mundo afora, e teve o projeto veiculado em diversas publicações de peso, como a revista norte-americana *Wired*.

Outro projeto bem interessante é o **OpenIDEO.com**. Essa plataforma, criada pela IDEO, procura conduzir entusiastas de inovação por um processo de resolução de problemas complexos pautado na mesma abordagem que estamos propondo nesse livro. Os desafios do **OpenIDEO.com** podem incluir desde soluções para comunidades carentes até a criação de estratégias de mudança de hábitos alimentares para crianças. Esse último foi o caso do desafio proposto na plataforma pelo chef de cozinha britânico Jamie Oliver.

Todos esses exemplos que exploramos têm uma característica em comum: neles, as pessoas trabalham pesado para resolver problemas e contribuir, sem serem remuneradas diretamente para isso. Não é sobre o dinheiro, é sobre o propósito, a causa, o relacionamento e as histórias.

Deu para entender o tamanho da encrenca? Nesse cenário é inocente o pensamento de que será possível continuar intuindo valor a quatro paredes e do alto de grandes torres. As empresas mais preparadas e competitivas serão, a partir de agora, as capazes de descer do palco e se misturar com as pessoas. Passamos do momento de ouvir o cliente e entramos na era de cocriar resultados com ele.

INSERINDO A COCRIAÇÃO EM PROJETOS: WORKSHOP COM USUÁRIOS

Quando estamos projetando um novo serviço envolvemos os principais participantes da rede de valor da oferta em sessões de cocriação que chamamos de workshops com usuários. Essas sessões nos permitem antecipar problemas, contornar barreiras de aceitação e gerar resultados mais alinhados com a expectativa dessas pessoas, aumentando os potenciais de adoção e uso.

Imagine que você quer comprar um presente para alguém. Se não conhece essa pessoa, a tarefa se torna bem complicada e você acabará comprando algo genérico na tentativa de agradar sem correr grandes riscos. Se você for um grande amigo do presenteado e conhecer seus gostos e particularidades, suas chances de dar algo que seja relevante e surpreendente aumentam bastante. Se estamos tentando criar "presentes relevantes", teremos obviamente mais sucesso se fizermos isso junto com as pessoas que estamos tentando presentear.

Apesar de muitas empresas darem passos nessa direção, a maioria negligencia a complexidade residente no planejamento, execução e processamento dessas sessões e acabam coletando, por conta disso, resultados inexpressívos.

Um workshop com usuários não é uma página em branco que depende da boa vontade das pessoas envolvidas para ser preenchida. Essas sessões são estruturadas para suportar os participantes enquanto criam e compartilham ideias. Sua similaridade com as reuniões de pauta que as empresas aprenderam a chamar de brainstorms é nula. Nessas sessões estruturadas os participantes interagem entre si e também criam sozinhos, discutem, brincam e até encenam personagens.

Para planejar tudo isso levamos em consideração materiais, localização, momento do projeto, quem envolver, quando envolver e com que intensidade envolver.

Esse panorama complexo, multidisciplinar e interligado de uma sessão de cocriação é, por um lado, instigante e promissor para geração de ideias, mas, por outro, pode pegar de surpresa equipes mal preparadas. A forma como combinamos pessoas, intensidades e momentos ditará o sucesso ou o fracasso dessa crucial etapa de um projeto.

O professor brasileiro Eduardo Staszowski, do Departamento de Estratégias de Design da Faculdade Parsons, em Nova York, desenvolveu um projeto para uma organização não governamental chamada College

Initiative que exemplifica isso muito bem. Essa ONG carrega a missão de restituir a dignidade de pessoas que cumpriram pena, integrando-as de volta ao sistema educacional. Para projetar uma melhor jornada de aderência e permanência no programa, foram realizados 15 workshops com usuários. Durante esses workshops, ex-detentos do sistema penitenciário puderam cocriar e discutir soluções com membros da organização não governamental. Como resultado, um novo modelo de jornada de ingresso no sistema de ensino foi criado. Esse modelo diminuiu a taxa de abandono aos estudos através de, entre outras coisas, a criação da figura do orientador, estudantes veteranos que passaram a ajudar os calouros nos difíceis momentos iniciais de engajamento. Essa característica P2P (de pessoas para pessoas) era uma das diretrizes almejadas pelo projeto.

Em alguns casos pode ser necessário envolver colaboradores internos de diferentes áreas de uma corporação em um workshop. Em casos como esses trabalhamos para garantir que todos os presentes representem entidades afetadas pelo projeto, além de manter um clima propício para a colaboração, e um espírito de coletividade.

Essa situação se torna um pouco mais complicada com a presença de diferentes níveis hierárquicos dentro de uma mesma sala. Quando isso acontece precisamos garantir que as credenciais sejam deixadas do lado de fora. Colocar um diretor para cocriar soluções junto com um agente de call center pode gerar insights valiosíssimos e muitas vezes até mudar a forma como cada uma dessas pessoas compreende a função e importância do outro dentro da estrutura organizacional. Mas ao mesmo tempo representa um desafio que não pode ser subestimado.

E os patrocinadores? É, sem dúvida, mais vantajoso envolver cedo no projeto aqueles que o financiam e possuem poder de aprovação sobre os resultados. A opinião dessas pessoas conta, e muito, afinal é delas muitas vezes a palavra final. Além de avaliar a viabilidade do negócio, esses stakeholders possuem uma visão mais ampla da estratégia e interesses da empresa e compartilham informações valiosas que ajudam a direcionar o projeto. Envolver esses patrocinadores e aprovadores cedo no projeto pode significar maior aceitação e chances de sobrevivência das soluções que serão propostas. Mas vale ressaltar que pessoas nessas posições possuem uma tendência forte de pensar por eliminação. Isso acontece pois lidam diariamente com muita informação e precisam filtrar o que é significativo para conseguirem tomar decisões. Por conta disso, a facilitação de workshops envolvendo patrocinadores e líderes de alto nível hierárquico exige maior preparo e disciplina na condução. Nessa situação, sem uma estrutura bem montada e uma condução atenta e dinâmica, quando você menos esperar tudo estará "resolvido" e com todos "concordando". A influência dessas pessoas pode ser paralisante para a maioria dos outros colaboradores, e até mesmo alguns consumidores finais.

Um outro participante de alto valor agregado nesse tipo de sessão são os colaboradores de linha de frente. Chamamos de colaboradores de "linha de frente" as pessoas responsáveis por lidar diretamente com o consumidor. Pense num restaurante. Na linha de frente temos a hostess, que recebe na porta cada um dos clientes, depois os garçons, e por aí vai.

Essas são as pessoas que mais conhecem como os clientes pensam, reagem e enxergam o negócio. Por esse motivo negar a sua participação na construção de qualquer estratégia é adotar um ponto de vista míope e tendencioso. Mesmo considerando toda a pesquisa realizada. Essa pessoas possuem em suas mentes uma lista infindável de problemas existentes e suas possíveis soluções de baixo custo e alto impacto. Quase todo valor que trazem para a mesa é pautado em melhorias da dinâmica do seu trabalho e, por conta disso, coisas que geram impacto direto na experiência do consumidor final.

A equipe de limpeza de uma rede de fast-food, por exemplo, sente na pele o quão desnecessário é o caixa entregar enormes quantidades de sachês de ketchup e mostarda para os clientes. Inúmeros saquinhos ficam intactos, acumulam nas bandejas, são recolhidos e acabam no lixo. Além de pouco sustentável, isso gera custo e desperdício desnecessário para o negócio. Processos como esses, "cegos", caros, e de baixo valor agregado para todos, continuam a ser desenhados e executados por empresas nos mais diversos setores da economia.

Nós trabalhamos para ajudar a Secretaria de Turismo da cidade de São Francisco do Sul, em Santa Catarina, a compreender o turista que visita a cidade, quais são suas expectativas e quais oportunidades existiam de relacionamento que não estavam sendo bem exploradas. Para fazer isso envolvemos os colaboradores das mais diversas frentes da Secretaria de Turismo e alguns turistas em sessões estruturadas de cocriação. O resultado permitiu à Secretaria de Turismo um replanejamento do uso de recursos para fomento de ações de elevação do valor percebido pelo turista. Sem o conhecimento trazido pelos colaboradores da Secretaria e seu envolvimento na construção das ideias, dificilmente o resultado teria sido relevante e bem aceito por essas pessoas.

Não é mais cabível ou sustentável para um negócio continuar adotando soluções prontas, espelhadas muitas vezes de negócios competidores, ou até mesmo listas de melhores práticas propostas por consultores especialistas que mais estão seguindo uma cartilha do que misturando valores essenciais para o negócio na confecção da nova estratégia. As estratégias mais eficientes nesse novo panorama competitivo serão aquelas cocriadas junto a colaboradores e consumidores finais.

SWAP IDEATION

A SWAP Ideation é uma estratégia de moderação de sessões de cocriação criada pela equipe brasileira da live|work para facilitar o fluxo colaborativo entre participantes de diferentes níveis hierárquicos e equipes pouco habituadas a prática da cocriação.

Essa estratégia promove uma intercalação de momentos nos quais os participantes geram ideias sozinhos com momentos nos quais evoluem essas ideias com a ajuda do resto do grupo.

CAPÍTULO 15

SEJA O MAESTRO DAS SESSÕES

"Um homem para conduzir uma orquestra precisa dar as costas para a plateia."
Max Lucado, escritor e pastor norte-americano

Ok. A esta altura você já entendeu a importância e o potencial de envolver diversas pessoas na etapa de geração de ideias. Mas com o que se parecem essas sessões? Como elas funcionam? Quando elas começam e terminam? Como fazer com que pessoas que muitas vezes não estão acostumadas a trabalhar em grupo ou que nunca tiveram a oportunidade de ter voz ativa, contribuam?

Sabemos que essas perguntas devem estar por aí em algum lugar na sua cabeça. Não se preocupe, vamos tentar esclarecer algumas delas aqui.

É verdade que nem todo mundo possui a vontade ou o perfil necessário para moderar uma sessão de cocriação. Mas algumas pessoas realmente se destacam nesse tipo de atividade. Algumas boas dicas ajudam a garantir que o moderador mantenha o controle sem necessariamente tomar para si a alavanca de poder da sessão.

PROGRAME-SE E COMUNIQUE OBJETIVOS CLAROS

Essa talvez seja a regra de ouro. Ela se aplica aos facilitadores e aos participantes. Uma boa sessão coletiva começa com todos sabendo aonde querem chegar. Não basta agrupar pessoas em uma sala e esperar que, por um toque de mágica, as informações surjam. Não é à toa que uma quantidade enorme de moderadores saem frustrados quando notam que os participantes contribuíram muito pouco e com ideias não muito substanciais. A razão para isso acontecer pode variar, mas uma coisa é certa: se você começa uma sessão sem saber para onde está indo, você não pode se surpreender se acabar realmente em lugar nenhum.

O planejamento de uma sessão deve ser feito com cuidado e seus objetivos compartilhados com todos da equipe e participantes, para garantir que todos estejam caminhando juntos e saibam identificar quando chegarem "lá".

PREPARE MATERIAIS ESPECÍFICOS

É importante preparar com cuidado os materiais da sessão. Quando preparamos a logística de um workshop procuramos criar interações que diminuam a percepção de confusão e complexidade, visando deixar os participantes mais à vontade e seguros para colaborar. Acreditamos que essa seja uma das razões de termos realizado tantos workshops bem-sucedidos, mesmo quando expostos aos mais diversos "campos minados" que você pode imaginar.

Os materiais, quando bem preparados, ajudam também a equipe de projeto no processamento dos resultados. No processo de construção dos materiais, um bom equilíbrio entre qualidade e simplicidade se faz necessário. Em algumas situações um material muito elaborado pode intimidar as pessoas. Em outras, um material pouco elaborado pode alimentar a descrença no processo e ao mesmo tempo colaborar com o bloqueio criativo. Não existe regra aqui. O que existe é a obrigação da equipe de, sempre, garantir a boa dinâmica das sessões através do uso de materiais e interações críveis e envolventes.

A OPINIÃO DE TODOS É VALIOSA

Pessoas tímidas têm mais dificuldade de compartilhar o que pensam, enquanto pessoas muito expansivas podem dominar uma sessão com seu ponto de vista e acabar influenciando todo o grupo. O moderador deve procurar o tempo todo manter um equilíbrio saudável. Uma vez que um participante toma as rédeas e passa a controlar a sessão, o processo de cocriação se perde e os resultados se vão junto com ele.

Para ter sucesso nessa tarefa é fundamental evitar conversas paralelas e certificar-se, a todo momento, que ninguém está ficando para trás na evolução das ideias. Ao chamar pessoas que trabalham em uma mesma organização mas possuem diferentes posições hierárquicas, é preciso criar situações para quebrar o vínculo hierárquico, caso contrário essas pessoas não serão totalmente honestas e transparentes em suas opiniões e atitudes.

CUIDADO COM O TEMPO

O tempo de todos é precioso. Além do mais, uma sessão de cocriação pode realmente exaurir as forças dos participantes em pouco tempo devido à sua intensidade e, principalmente, à falta de hábito dessas pessoas com esse tipo de exercício. Por isso todo cuidado é pouco para manter a sessão interessante, em bom ritmo e dentro do espaço de tempo planejado.

Lembre-se de que algumas pessoas estão ali pois foram obrigadas a comparecer, enquanto outras foram recrutadas e estão recebendo uma quantia para participar. Não importa em qual dessas situações os participantes se encontram, ou se nas duas ao mesmo tempo; respeitar os horários é sempre uma boa ideia.

INFORMAÇÃO FÁCIL EM TODOS OS CANTOS

Para garantir que os participantes andem no mesmo ritmo durante o workshop, é importante tornar a informação visual e deixá-la ao alcance de todos. Todo tipo de informação que possa servir de insumo ou estímulo para o processo criativo deverá ser disponibilizado em espaços compartilhados, como paredes ou quadros. Isso garante que o contexto do projeto não se perca conforme os participantes avançam de um exercício para o outro.

TENHA MUITA ENERGIA, FÉ E DISPOSIÇÃO

Martin Luther King uma vez disse que ter fé é subir o primeiro degrau mesmo quando não se vê a escada toda. Moderar uma sessão de cocriação é, também, um ato de fé. Você irá liderar uma sessão envolvendo diferentes pessoas com diferentes opiniões, crenças, valores e interesses. Por isso é fundamental manter um nível elevado de energia e disposição. Se você inicia a moderação de uma sessão menos motivado que os participantes que estão envolvidos nela, as chances são grandes de que os outros participantes irão captar a sua baixa energia e se desmotivar.

ESTEJA PRONTO PARA TOCAR UM JAZZ E REGISTRE CADA MOMENTO RELEVANTE

Em um concerto de jazz, os músicos criam composições inéditas ao improvisar com base em sua experiência, interação com outros músicos e, até mesmo, seu estado de humor naquele dia. Da mesma maneira, cada workshop possui um potencial único como espaço criativo que não poderá ser repetido. Fatores como a multidisciplinaridade das pessoas, a energia delas naquele momento, o próprio momento e ambiente, se combinam para criar um DNA não duplicável. Isso torna toda sessão de cocriação algo único. Garanta que a sua estratégia de registro do andamento e resultados da sessão seja eficiente. Como no jazz, infelizmente o que não for registrado ali será perdido para sempre.

AGRADEÇA E DÊ CRÉDITO

Ao terminar sua sessão, verifique se todos saíram com a sensação de dever cumprido e mostre que a equipe tem planos de usar todo o material coletado, explicando como as discussões foram importantes e enriquecedoras. Esse pode parecer um pequeno gesto sem importância, mas nossa experiência já nos mostrou que ele traz segurança e conforto aos participantes. Além disso, é muito importante para participações futuras que todos saiam motivados e com a sensação de que impactaram positivamente o andamento do projeto.

PARTE IV
EXPERIMENTAÇÃO

Confira como funciona a prototipagem, e acredite: é importante errar cedo para aprender logo. Além disso, veja como ajustar e evoluir as ideias antes de gastar muito dinheiro.

CAPÍTULO 16

O LADO BOM DE FALHAR

"Negócios são naturalmente complicados. Mas podemos abordar sua complexidade de duas formas. A primeira é de maneira séria, da forma como você faz hoje. A segunda é através do entretenimento, do prazer e da diversão. E nós escolhemos alcançar a criatividade através desse caminho."

Guy Laliberte, CEO do Cirque du Soleil

De nada adianta corrermos atrás de uma cultura de inovação se não fomentamos a paixão pelo risco e pelo erro. Não existe inovação sem a variação que uma tentativa frustrada proporciona. Se você tem dúvidas sobre isso, olhe para o teto da sua sala e lembre de Thomas Edison, que experimentou mais de 10 mil vezes até estabilizar a lâmpada elétrica e mudar nossa história. Edison sabia que cada tentativa errada o colocava um passo adiante. E com essa mentalidade também desenvolveu a primeira câmera de cinema e até o microfone que foi utilizado em telefones até meados de 1980.

A maioria das empresas busca perfis empreendedores quando contrata colaboradores. Mas em seguida estabelece regras rígidas e políticas hierárquicas massacrantes que transformam essas pessoas em executores repetitivos. Há uma nuvem pairando essas empresas, e ela parece não permitir que seus líderes enxerguem a diferença entre o que é um ato de zelo por resultados e o que é robotização mental em massa.

Muitos gestores já não veem claramente a linha que delimita até onde vão as regras de boas práticas necessárias a qualquer negócio e onde começa o direito a uma identidade, o famoso direito de "ser", de seus colaboradores. Com isso, acabam podando traços de personalidade que funcionam como engrenagens fundamentais do pensamento criativo. Para criar, as pessoas precisam primeiro conseguir ser elas mesmas.

Nós nascemos exploradores. Na infância, experimentamos como nunca. Durante os primeiros anos, nos sentimos à vontade para dar palpites, fazer perguntas bobas, criar e errar. Nada é tão óbvio que não possa ser questionado. Mas, infelizmente, essa "mágica" não dura para sempre.

Em 1998, Gordon Mackenzie, desenhista e executivo da Hallmark, apresentou em seu livro *Orbiting the Giant Hairball* um padrão preocupante. Na obra, ele conta que ao visitar escolas primárias nos EUA percebeu que os alunos mais novos, aqueles que ainda estão entre a primeira e a quarta série, amam fazer trabalhos artísticos e não hesitam em se autointitularem artistas. Porém, da quinta série em diante, poucas crianças continuam a se ver como pessoas criativas ou artistas.

Ou seja, existe um processo bem orquestrado no nosso sistema de ensino, dedicado a nos fazer pensar que se divertir é o contrário de ter responsabilidade. Somos ensinados desde cedo que, a partir de uma certa idade, precisamos assumir uma postura mais séria em detrimento da natural abordagem curiosa e divertida que carregávamos quando crianças. Só que se divertir não é o contrário de ter responsabilidade. Muito menos é o contrário de ser competente. Na prática, ambientes onde as pessoas são capazes de trabalhar e se divertir ao mesmo tempo podem ser também produtivos e render melhores resultados. E a Zappos é um exemplo perfeito disso.

Fundada por Tony Hsieh, a **Zappos.com** inaugurou o caminho para a venda de sapatos pela internet e é hoje parte do grupo da **Amazon.com**, após ter sido comprada pela bagatela de US$1,2 bilhão. Segundo o próprio Jeff Bezos, CEO da Amazon, a aquisição teve muito pouca relação com o estoque de sapatos da Zappos e muito mais com a cultura de experimentação e diversão que a empresa e seus colaboradores cultivaram ao longo dos anos. Aliás, antes de finalizarmos a primeira edição desse livro nós estivemos na Zappos e conhecemos Tony Hsieh e sua equipe.

Nossa experiência de imersão por lá envolveu desde conversar com diversos funcionários e executivos, incluindo o próprio Hsieh, até acompanhar o trabalho da equipe do call center, lá chamado de CLT (Customer

Loyalty Team), enquanto eles encantavam e deixavam clientes fascinados via telefone, chat e e-mail. E ficamos boquiabertos ao vermos de perto o efeito que uma cultura corporativa centrada nas pessoas tem na capacidade dos colaboradores de inovar e surpreender. Enquanto algumas empresas ainda ditam as cores da gravata dos funcionários e exigem que piercings sejam cobertos por band-aids, outras já definitivamente compreenderam que dar espaço para as pessoas serem elas mesmas e experimentarem não só faz mais sentido: realmente traz melhores resultados. Conforme disse Peter Drucker, "a cultura sempre engole a estratégia no café da manhã".

Vídeo feito por um leitor do livro de Tony Hsieh

http://www.youtube.com/watch?v=m-ygmPXXxZU

Experimentar pode ser mais familiar do que você imagina. Apesar da palavra "protótipo" soar um tanto estranha para quem não é designer, a verdade é que estamos experimentando o tempo inteiro em nossas vidas.

Uma mãe prototipa quando permite que um filho experimente novos desafios, mesmo que saiba que estes implicam riscos. Um executivo também prototipa quando cria um cenário que prevê a melhor e a pior situação possível para o volume de vendas do próximo trimestre. E o mesmo serve até para um sargento que executa simulações de combate com seus soldados visando aperfeiçoar a sua estratégia de batalha com base em simulações.

A experimentação é, para nós, parte inseparável do processo de construção do raciocínio. Ela nos permite externar ideias de maneira que possam ser absorvidas e complementadas por outras pessoas enquanto são concebidas. Assim, construímos e pensamos juntos. A capacidade de as pessoas apresentarem o que pensam de forma rica e envolvente é um catalisador fundamental do processo de inovação. E os protótipos são os meios que permitem que isso aconteça de maneira tangível e com a menor perda de significado possível entre o que foi imaginado e o que está sendo comunicado.

E nem os músicos escapam disso. Ao compor uma música, uma banda realiza todas as experimentações que precisa em ambientes controlados, construindo aos poucos pedaços de uma canção até dar sentido completo à obra. A maioria dos hits que tanto curtimos não foram ideias tidas durante o sono ou debaixo de uma ducha. Antes de chegar às paradas, vários pedacinhos daquela música que você tanto ama foram simulados em estúdios, na casa dos próprios músicos ou durante ensaios do grupo, com timbres e sons que estavam bem longe da versão final. O processo de montagem tem um objetivo muito claro: evitar o desperdício de tempo e o alto risco de investir demais numa ideia que não sobreviverá a testes e julgamentos de outros.

Esse caso reflete um puro exemplo de prototipar para construir e não somente para testar. Um integrante da banda registra sua ideia para uma base de violão e depois divide aquilo com outros integrantes, que então complementam aquele som com outras ideias, afinando e evoluindo o protótipo até sua versão mais madura: a música. O barateamento dos softwares de edição e o acesso mais fácil a equipamentos de gravação, por mais que sejam simples ou toscos, tornaram o processo criativo de composição musical bem mais colaborativo e democrático.

A abordagem de experimentação do Design Thinking nos permite falhar bem antes do lançamento de uma nova oferta e aprender lições preciosas com os erros, permitindo o refinamento da proposta entre um teste e outro. Em um protótipo, é fundamental identificarmos que materiais serão utilizados, quem será envolvido, o que estamos realmente testando e o que é irrelevante para o momento. Essa abordagem nos permite lidar de maneira mais consistente com as variabilidades presentes na execução de um projeto. Logo no início de um desenvolvimento, pouco se sabe sobre as variáveis que poderão surgir. Uma simples reunião de diretoria de 45 minutos pode ser suficiente para causar rupturas sem precedentes no plano de desenvolvimento que foi acordado e assinado por toda a equipe no começo de tudo, e dependendo de como a equipe se preparou para esse tipo de situação o impacto pode ser bem grande.

Enquanto escala uma montanha, um alpinista prende a corda que o sustenta num pino que é cravado na rocha de tempos em tempos, reduzindo sua escalada a pequenos trechos. O resultado disso é a garantia de que, se algo der errado, ele cairá no máximo um destes trechos, e não uma montanha inteira abaixo. É isso que torna a escalada um esporte radical, e não uma tentativa de suícidio. Infelizmente, a maioria dos projetos dentro das empresas são conduzidos prevendo uma única subida, sem grampos, até o topo da montanha. Não surpreende que pequenas mudanças de rumo causem uma longa queda, dolorida e até fatal.

Um modelo mais experimentador não é só mais inteligente e menos arriscado. Ele representa a única maneira de um negócio conseguir se adaptar com relevância na velocidade que o mercado varia nos dias de hoje. De um lado algumas empresas ainda relutam em encarar a experimentação constante como parte de sua estratégia de desenvolvimento. Do outro, muitos concorrentes dessas empresas já abraçaram essa cultura e estão colhendo os frutos desse vigoroso e afiado processo de geração de valor que tem como sua principal resultante a injeção constante de inovações de alto impacto no mercado.

Antes que você ache que nós estamos fazendo uma apologia à falha, tenha calma e respire fundo. A Revolução Industrial deixou uma herança pesada para as companhias, que é a tolerância baixa para o erro e a associação direta dele ao fracasso. Concordamos que não é bom colocar um produto no mercado de maneira precipitada, expondo a marca e a reputação ao coletar resultados pífios em termos financeiros e de impacto para as pessoas. E sabemos que isso pode representar, para alguns negócios, o mesmo que cair de uma montanha sem proteção alguma. Quando mencionamos que as empresas precisam aprender a falhar, estamos afirmando que devem fazer isso de forma controlada e dando pequenos passos.

Como dito anteriormente, nenhum projeto começa com todas as suas barreiras e dificuldades realmente mapeadas, e isso não é culpa do gerente do projeto. Ninguém tem uma bola de cristal para antever com precisão o futuro, ainda mais quando ele envolve diversas unidades de negócio, fornecedores, diferentes setores da economia, e, muitas vezes, até mesmo fatores externos políticos e econômicos. Mas a boa notícia é que podemos experimentar as coisas de maneira barata, com usuários reais, e com isso extrair insights reais sobre o seu futuro funcionamento. Sim, obter essa enorme vantagem competitiva é possível, e nós chamamos isso de **Prototipagem de Experiências.**

Mas esses não são os protótipos já conhecidos da indústria, que são ricos em detalhes e montados no final do projeto para validar últimos ajustes, a exemplo do que acontece na indústria automobilística e seus modelos de argila. Esses protótipos são importantes, mas o seu propósito não é o de evoluir uma ideia.

É essa também a diferença entre a prototipagem tardia e a prototipagem precoce. A primeira acontece num momento avançado do projeto, em que mudanças bruscas na solução não são mais bem-vindas. A segunda, ainda no começo, nos permite moldar e evoluir ideias através da cocriação.

O Palm Pilot marcou época. Quando foi concebido, em meados de 1998, causou uma ruptura na maneira como as pessoas carregavam suas informações por aí e pavimentou o terreno dos hábitos e das necessidades para os seus sucessores, o Blackberry e o iPhone.

Mas você sabe como essa história começou? Escondido em sua garagem, Jeff Hawkins cortou um pedaço de madeira não muito maior do que o seu bolso e passou a carregar o tal pedaço por todos os lugares. Se alguém lhe perguntasse se estava livre para almoçar, ele retirava aquilo de seu bolso e simulava uma consulta à agenda. Ainda, com esse mesmo toco de madeira e a ajuda de cola e papel, ele simulou diversos tipos de botões e interfaces antes de sequer iniciar o desenho do produto final. Com isso, Hawkins pôde analisar a melhor relação entre o tamanho de tela *versus* a portabilidade do aparelho, além de vivenciar a experiência de "registrar" uma reunião enquanto ela acontecia.

O Palm ainda passaria por dezenas de protótipos antes de alcançar a prateleira das lojas. Mas nenhuma outra simulação foi mais importante para o negócio da Palm do que a do pequeno toco de madeira. Foi estudando e brincando com ele que Hawkins intuiu o que deveria evitar em seu projeto para não cair no mesmo erro da Apple com o fracassado Newton.

No nosso mundo de protótipos pouco importa a mídia que será utilizada. O importante é que o resultado seja adequado para simular interações que as pessoas teriam em uma situação real de uso. Um protótipo utilizando materiais mais evoluídos não necessariamente traz respostas melhores. No caso de Hawkins, para as dúvidas que ele tinha, um toco de madeira foi mais do que suficiente.

Protótipo

http://www.youtube.com/watch?v=MZqPEgkyGMo

Projeto para uma gigante do setor de tecnologia no qual simulamos interações com telas touchscreen utilizando folhas sufite e obtivemos todas as respostas necessárias para avançarmos com mais segurança para a etapa de desenvolvimento.

CAPÍTULO 17

NOVAS LENTES PARA VELHOS MODELOS

"Minha maior força como consultor está no fato de poder ser ignorante e fazer perguntas."
Peter Drucker

O modelo sequencial tradicional de desenvolvimento, chamado também de modelo cascata, surgiu como consequência direta da lógica do sistema produtivo nascido com a Revolução Industrial. Nesse modelo, cada etapa do processo gera um resultado que será consumido no início da próxima etapa, até que o processo se encerre.

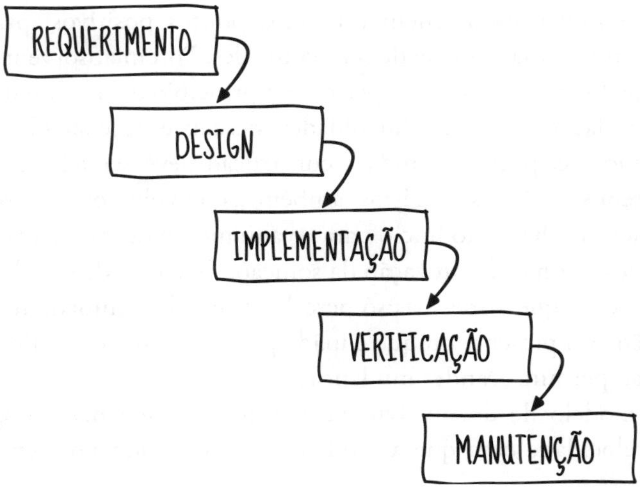

Muitos não sabem, mas o modelo cascata foi utilizado primordialmente para ajudar a indústria da construção civil e as outras indústrias mais pesadas a visualizarem sua forma de trabalho. Ele foi criado para ser utilizado em cenários onde realizar mudanças de escopo ao longo de um projeto ou voltar etapas pode custar muito caro, ou ser até mesmo inviável. Posteriormente, o mesmo modelo acabou também sendo adotado pela engenharia de processos e de software literalmente por falta de alternativa melhor.

Steve McConnell, considerado um dos mais influentes pensadores da indústria do desenvolvimento de software, ao lado de Bill Gates e Linus Torvalds, e autor dos livros *Code Complete* (1993) e *Rapid Development* (1996), afirmou que o modelo cascata não é suficientemente dinâmico para o gerenciamento de projetos de desenvolvimento de softwares e que todo desenvolvimento de software é por natureza um wicked problem, ou seja, um problema cuja complexidade, limitações e requerimentos não podem ser previstos completamente quando o projeto se inicia, pois os mesmos se revelam ao longo do tempo conforme a equipe progride e ganha conhecimento sobre o desafio.

Diversas abordagens de gerenciamento de projeto, como a apresentada pelo Project Management Institute (PMI), por exemplo, foram construídas baseadas no modelo cascata, e são largamente aplicadas por grandes empresas para executar e gerir projetos ambiciosos.

Essas abordagens possuem inúmeros pontos positivos, principalmente quanto à maturidade de seus controles. Porém absorvem a inflexibilidade do modelo cascata e partem do princípio de que, no início do projeto, todas as barreiras, dificuldades, desejos e necessidades podem ser mapeadas e, portanto, toda a construção deve ser feita com base nessas premissas. Nelas, usuários também são envolvidos, mas somente em momentos-chave, no início para levantamento de requisitos e no final para testes finais e aprovação da solução. Esse tipo de envolvimento tardio faz com que as pessoas só percebam que determinada funcionalidade não está presente ou que é inadequada em uma etapa do projeto que já não permite grandes mudanças.

Esse modelo de desenvolvimento se torna ainda mais desgastado dada a velocidade com que a mudança tem ocorrido nos cenários de negócios. Se a empresa não adequa a estratégia constantemente, ela não tem como competir. Se ela muda, todos os projetos que estão em fase de construção já estão automaticamente suportando uma estratégia ultrapassada e, provavelmente, fadados a cair em desuso ou a ser ajustados incrementalmente via pedidos de mudança de escopo também conhecidos como Change Requests.

As Change Requests são solicitações de mudança pós-implementação, que na teoria deveriam abrigar apenas pequenas correções e adições, mas que acabam, na prática, sendo uma porta de entrada para novas necessidades críticas e de alto impacto estrutural, que foram descobertas ao longo do projeto.

Não é incomum que a soma do custo das Change Requests de um projeto ultrapasse, em muito, o valor total previsto para a implementação do mesmo. E todo esse recurso é destinado muitas vezes para emendas e gambiarras, já que o sistema original não foi pensado para absorver tais mudanças.

A falsa sensação de proteção ao escopo do projeto, decorrente de não envolver os usuários nas etapas de desenvolvimento, acaba sendo a responsável pela geração de uma pilha de mudanças que serão implementadas depois e, pior, de maneira mais cara, menos organizada e, na maioria das vezes, por uma equipe de manutenção que tem menos conhecimento do sistema do que a equipe que o projetou.

Quando projetamos, trabalhamos com ciclos constantes e curtos de desenvolvimento envolvendo stakeholders constantemente e coletando feedback ao final de cada ciclo.

A princípio, esse pode parecer um processo mais custoso e menos eficiente, mas o que acontece na prática é o contrário. Essa abordagem participativa nos ajuda a evitar o investimento desnecessário de tempo e recursos em soluções de baixa aceitabilidade, além de permitir antecipar problemas através da proximidade com os usuários. E de garantir maior aderência para a solução final. Trabalhar com ciclos de experimentação e cocriação com usuários também nos ajuda a desmaterializar a linha divisória entre stakeholders e equipe de projeto, colaborando para manter a motivação e a sensação de um único time, que compartilha a responsabilidade e trabalha em prol do mesmo resultado.

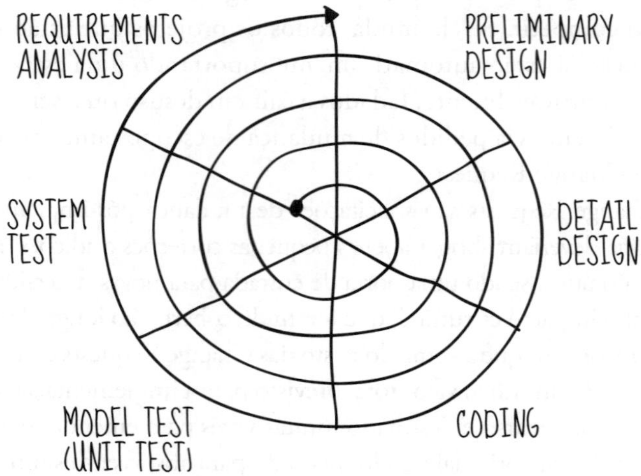

Modelo espiral de desenvolvimento através da constante experimentação proposto por Barry Boehm em 1988. Esse modelo serviu posteriormente como base de pensamento para o desenvolvimento de metodologias como o Scrum (1990),[25] *que divide cada ciclo de desenvolvimento e teste em "sprints", geralmente com duração entre duas e quatro semanas.*

CAPÍTULO 18

DIFERENTES ABORDAGENS PARA A PROTOTIPAGEM DE EXPERIÊNCIAS

"A inovação nunca é fruto do pensamento lógico. Mas o resultado dela está sempre conectado a uma estrutura lógica."

Albert Einstein

Para que um protótipo funcione ele deve ser construído considerando a possibilidade de falhar. Ao contrário do que muitas empresas imaginam, a falha de um protótipo pode de fato levar ao sucesso de uma solução. E não há momento de aprendizado mais completo do que esse, isso, claro, quando bem observado e documentado.

Em uma simulação conduzida pela Nasa para verificar as principais causas de acidentes aéreos foram estudadas duas equipes de voo em momentos diferentes. A primeira estava começando seu turno, portanto não apresentava cansaço. Já a segunda estava encerrando o seu turno, exausta após completar muitas e muitas horas de voo. Como era de se esperar, a Nasa constatou que a segunda equipe apresentava sinais de fadiga. Mas, para a surpresa dos técnicos, essa equipe também pontuou melhor no teste ao cometer menos erros operacionais do que a primeira. Com a simulação, a Nasa compreendeu que o fator de risco presente na falta de entrosamento entre os tripulantes supera até mesmo cansaço e a distração como causa de acidentes graves. Ou seja, a equipe que já estava voando há algum tempo, por estar mais bem entrosada, trabalhou melhor na simulação. Esse é um bom exemplo de uma experimentação que foi desenhada para falha e aprendizado.

Quando fazemos simulações do uso de serviços, levamos em consideração que todo serviço é um cojunto de interações que podem acontecer entre pessoas e pessoas e máquinas ao longo de um determinado período de tempo. Precisamos garantir que a simulação que estamos propondo traga à tona essas interações de maneira crível o suficiente para que um aprendizado seja gerado como resultado do teste.

A PROTOTIPAGEM DE SERVIÇOS 2D

É uma abordagem simples e precoce que propõe o uso de materiais baratos como Lego®, papel e caneta para testar a aderência das ideias com usuários reais. Assim podemos avaliar e evoluir ideias para que se tornem mais adaptadas às pessoas sem consumirmos recursos demais com conceitos que serão logo desconsiderados por serem inviáveis ou pouco desejáveis. Esse tipo de protótipo é um ótimo primeiro filtro, e por conta dos materiais simples incentiva que usuários participem de maneira ativa na construção e remodelagem das propostas apresentadas.

Protótipo do serviço de transporte de trens metropolitanos.

A PROTOTIPAGEM DE SERVIÇOS 3D

Esse tipo de simulação visa criar evidências de interações que farão posteriormente parte de alguma etapa do serviço, por conta disso exige mais recursos e mais atenção na etapa de preparação.

Ao avançarmos para um protótipo desse tipo começamos a imaginar como alguns dos pontos de contato do serviço com o cliente irão realmente funcionar e criamos esses materiais de maneira que quando as pessoas interagirem com eles consigam externalizar impressões e sensações.

Ao contrário da prototipagem 2D, que tem como objetivo evoluir um conceito, a prototipagem 3D já serve para testar como ideias mais maduras se encaixam na jornada de uso do serviço.

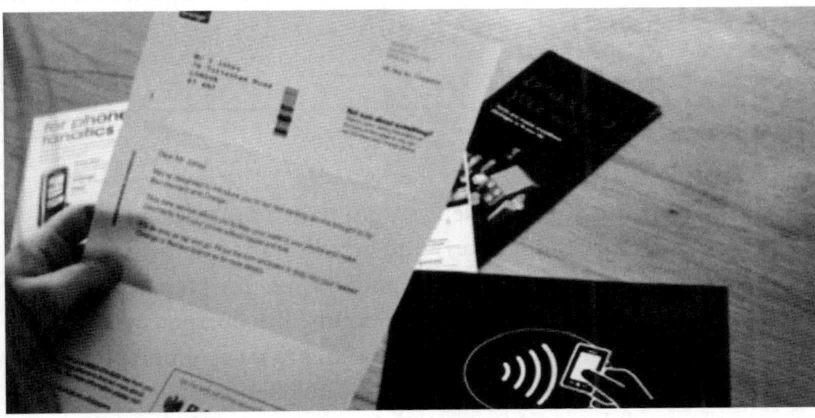

Protótipo de um serviço multicanal com a Orange. Nessa etapa testamos a reação das pessoas às mudanças propostas para alguns dos pontos de contato da empresa com os clientes.

A PROTOTIPAGEM DE SERVIÇOS 4D

Essa estratégia adiciona uma nova dimensão, o tempo. Nela trabalhamos com usuários reais para criar o que chamamos de protótipo de experiências cross-channel, um teste que permite que usuários experimentem o serviço ao longo de um determinado período de tempo e expressem suas sensações e opiniões sobre esse uso. Para garantir que isso seja possível, considerando que nesse momento do projeto o serviço de fato ainda não existe, utilizamos um modelo parecido com o do filme *O Mágico de Oz*: puxamos as cordinhas por trás das cortinas para que o usuário se sinta interagindo com o serviço final.

A constante experimentação nos ajuda a dar vida a propostas de serviços e a testá-las antes que atinjam o mercado. A prototipagem de experiências é utilizada como processo ainda por poucas empresas, sendo os designers de interação os profissionais que concentram, geralmente, o maior know-how nessa prática . Como referência para estudo e evolução nesse tópico no Brasil temos o Instituto Faber-Ludens, uma escola bem conceituada e que oferece, dentre outros, um curso de especialização em Design de Interação.

FABER-LUDENS

O Instituto Faber-Ludens surgiu da vontade de mudar o mundo de seus fundadores, que acreditavam que o uso inteligente de novas tecnologias poderia ser um grande fator de desenvolvimento social. O crescimento do mercado de consumo interno devido ao fortalecimento da economia brasileira não estava revertendo em desenvolvimento social na mesma medida, mas sim na importação maciça de produtos e conceitos. O objetivo inicial do instituto era formar uma nova geração de designers que, cientes do impacto social da tecnologia, trabalhariam para a geração de inovações para demandas locais brasileiras.

Preocupados em desenvolver metodologias de design adequadas para esta realidade, fomos buscar na cultura brasileira características que poderiam gerar inovação. Três conceitos foram chave para nosso modo de trabalho: jeitinho brasileiro, gambiarra e humor. Acreditamos que a capacidade do brasileiro em adaptar-se a situações adversas, de conseguir rir da desgraça e criar soluções improvisadas poderia ser, ao invés de estigma, inovação.

Com essa visão, nossos alunos criaram centenas de projetos de novas tecnologias que têm como principal ponto a mudança nas relações sociais. A tecnologia, para nós, é um meio, não um fim. Queremos, com ela, imaginar uma sociedade mais justa e divertida, que ofereça oportunidades para o desenvolvimento dos indivíduos e dos coletivos, sem discriminação.

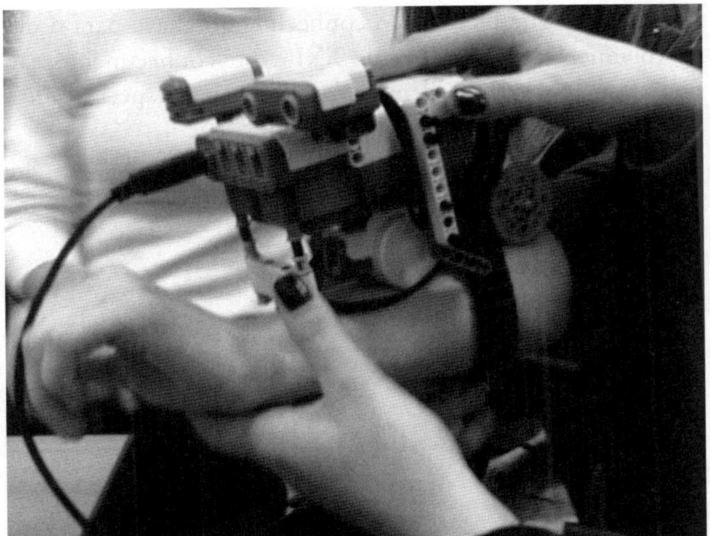

Protótipo de sensor para surdos feito por alunos do Instituto Faber-Ludens.

Fazemos isso através de quatro etapas:

1) observação das relações sociais numa determinada situação,

2) interpretação cultural,

3) prototipação low-tech de novas tecnologias e

4) publicação de todo conhecimento gerado nos processos anteriores.

Este último é o mais importante, pois garante que os projetos terão impacto social mesmo que não sejam implementados. Através de nosso website, milhares de pessoas estão aprendendo Design de Interação com os relatos de nossos projetos.

Chamamos nossa estratégia de Design Livre: um design que é livre para aprender, usar, copiar, transformar e subverter. Acreditamos que Design é o conhecimento-chave para o desenvolvimento social no século XXI e este conhecimento não pode ficar restrito a acadêmicos e profissionais especializados. O design deve ser livre para tudo e todos.

Frederick van Amstel
Fundador do Instituto Faber-Ludens.
http://fredvanamstel.com
http://www.faberludens.com

PARTE V

DESIGN DE SERVIÇOS

Empregado no setor de serviços por hospitais, universidades, bancos, fabricantes de carro, varejistas, e até mesmo grandes indústrias para reinventar a relação entre negócios e clientes, que passou a ser muito mais participativa, horizontal, democrática e, não menos importante, divertida.

CAPÍTULO 19

SERVIÇOS SÃO PROBLEMAS COMPLEXOS

"Uma marca para uma companhia é como uma reputação para uma pessoa. Você ganha reputação ao tentar fazer direito coisas difíceis."
Jeff Bezos, CEO da Amazon.com

Um serviço é um sistema complexo de interações que acontecem entre pessoas ou entre pessoas e máquinas, ao longo de determinado período de tempo. E cada uma dessas interações possui relevância na experiência final percebida pelo cliente. Um serviço pode variar dependendo do momento em que ocorre, do perfil das pessoas que estão envolvidas, seus estados de humor, disposição, conhecimento e conforto com os procedimentos no momento da execução, entre outras coisas. Ufa. É realmente um emaranhado de variáveis que precisam ser administradas e orquestradas.

Observar as pessoas utilizando serviços e compreender o que se passa em suas mentes é uma tarefa complexa, considerando-se que a utilização de um serviço não se materializa da mesma maneira que o uso de um produto e portanto não pode ser registrada como tal. A variabilidade inerente ao serviço exige que adaptemos técnicas, pontos de vista e habilidades para que possamos estudar pessoas reais em situações de uso reais.

Além disso seria inviável projetarmos serviços sem nos dedicarmos a entender profundamente os modelos de negócio vigentes. Ou seja, não temos a opção de assumir uma posição de criativos e se esquivar do ponto de vista das pessoas do negócio. Ser capaz de compreendê-las e cocriar valor com elas é essencial para o desenho de novas e melhores proposta de serviços.

Por esse motivo a disciplina que estuda a aplicação do Design Thinking para criação de serviços ganhou o nome de Design de Serviços. Mencionada pela primeira vez em um artigo de 1985, de G. Lynn Shostack, para a Harvard Business Review, denominado Designing Services that deliver, a disciplina ganhou espaço acadêmico em 1994 e atingiu o mercado em meados de 2001 quando Ben Reason, Chris Downs e Lavrans Lovlie abriram as portas da live|work em Londres na Inglaterra.

O Design de Serviços carrega um conjunto de áreas de conhecimento, métodos e práticas que permitem que equipes multidisciplinares trabalhem na construção de ofertas de serviços mais adaptadas às pessoas e de alto valor agregado para o negócio.

"Quando fundamos a live|work em 2001, pensamos que os 75% da economia presentes no setor de serviços precisavam de Design da mesma maneira que a indústria de bens duráveis. Durante os seus 80 anos de evolução, o Design de Produtos nos proporcionou um padrão alto de produtos úteis, fáceis de utilizar e prazerosos. Então, por que ainda lidamos atualmente com instituições financeiras falidas e serviços péssimos em hospitais e transporte público?

Da mesma maneira que os designers de produto construíram a sua disciplina durante a Revolução Industrial, nós enxergamos a aplicação do Design a serviços como uma consequência natural da revolução digital. As habilidades do Design nos pareceram uma forma excelente de explorar o potencial inerente às redes de pessoas em prol de melhorar e inovar experiências de serviços." Lavrans Lovlie – fundador da live|work.

Desde então, nossa jornada com a live|work tem sido a de compreender em profundidade o significado e real impacto do Design de Serviços. Nesse caminho desenvolvemos e amadurecemos as habilidades do Design que são necessárias para se projetar experiências intangíveis e, dessa forma, moldar uma nova indústria. Acreditamos que o nosso campo ainda vive a sua infância, mas o vemos crescer exponencialmente todos os dias e impactar de forma definitiva negócios em todo o mundo.

CAPÍTULO 20

DA XÍCARA AO SMARTPHONE, O VALOR SEMPRE ESTEVE NO SERVIÇO

"Um cliente é o vistante mais importante de nosso estabelecimento, ele não depende de nós. Nós dependemos dele. Ele de forma alguma é uma interrupção em nosso trabalho. Ele é o propósito do nosso trabalho. Ele não é um forasteiro em nosso meio. Ele é parte de nós. Nós não estamos lhe prestando um favor em servi-lo. Ele está nos fazendo um favor ao nos dar a oportunidade de servi-lo."

Mahatma Gandhi

A primeira casa de café foi fundada em Damasco, a capital da Síria, em meados de 1530. A partir daí, diversas casas semelhantes se espalharam pelo mundo persa.

No século XVII, o explorador francês Jean Chardin descreveu uma casa persa de café da seguinte forma:

"As pessoas se engajavam em conversas, era um lugar onde notícias eram espalhadas e aqueles interessados em política se juntavam para criticar o governo, de maneira livre. Jogos inocentes, lembrando dama e

xadrez eram jogados. Em complemento a isso, religiosos e poetas se revezavam na contação de histórias..."

Ao descrever o funcionamento destas casas de café, o que menos importava para Chardin era o café como produto. O explorador preferiu enfatizar o universo de interações que giravam em torno do ato de tomar um café naquela época. E sua narrativa é incrivelmente semelhante à experiência que buscamos hoje ao sentarmos numa loja da Starbucks em qualquer lugar do mundo.

Quando Howard Schultz comprou a Starbucks de seus antigos donos, ela ainda era uma pequena boutique especializada na venda de grãos de café que ficava localizada no Pike Place Market em Seattle, nos Estados Unidos (o lugar é uma espécie de mercadão como os que temos por aqui no Brasil).

A Starbucks, na época, havia se tornado uma referência local na importação e torrefação de café, arte que dominava e executava com extremo cuidado e paixão. Na época, o café em grãos era uma iguaria no país e Schultz, apenas o gerente daquela pequena loja. Até que uma viagem de negócios para a Itália serviu para acender sua paixão pelo lado social do ato de tomar um café. Enquanto na Itália, Schultz visitou inúmeros cafés locais e notou um aspecto único do consumo do café que estava pouco relacionado com a qualidade dos grãos em si. Tomar uma xícara de espresso na Itália era, para uns, uma experiência social, para outros, um ritual individual, um momento íntimo. E aqueles lugares haviam sido projetados para endereçar de maneira brilhante essas duas necessidades básicas das pessoas.

Quando voltou à América, Schultz tentou persuadir os donos da pequena Starbucks a apostarem na sua visão: a loja deveria vender mais do que grãos. Ela deveria oferecer também a experiência social e os rituais que giram em torno de tomar um bom café. Mas a ideia foi vetada. Os proprietários acharam que aquilo estava longe do alcance deles e não era o foco do negócio.

Apaixonado pelo que tinha vivenciado na Itália e convicto de que aquilo era uma boa ideia, Schultz não se abateu, deixou seu emprego e fundou sua própria loja. Batizada de Il Giornale, ela não demorou a se tornar um grande sucesso, lhe garantindo contatos, credibilidade e subsídios suficientes para que comprasse a Starbucks. Era o começo da jornada para realizar a sua visão.

A Starbucks resgatou o significado do café nos Estados Unidos e no mundo, e remodelou a experiência de tomar café que, para o americano, estava mais relacionada com uma dose diária de cafeína. Schultz transformou esse ato simples e corriqueiro numa verdadeira experiência social que encontrou lugar e relevância na vida das pessoas.

A questão não era mais sobre o preço do quilo do grão gourmet. O valor gravitou para a rede de experiências que a Starbucks criou em volta do ato de tomar um café. A Starbucks se tornou um sucesso estrondoso, chegando a ter uma inauguração de loja a cada 7 minutos no mundo. Recentemente, com o crescimento desordenado do negócio, a marca começou a ver a sua essência ser diluída e parte do seu DNA se perdeu. Isso obrigou Schultz a retornar à posição de CEO para manobrar a gigante do café de volta a inovar em torno de sua essência.

Mas a preocupação em construir uma rede de valor de experiências não é exclusividade das empresas que já nasceram pensando no setor de serviços. Desde que foi introduzido no mercado em outubro de 2001, o iPod e o seu complexo ecossistema se tornaram pivôs de diversas rupturas nos mais diversos setores da economia mundial. Empresas nasceram, outras fecharam e novos modelos de negócios surgiram, impactando de maneira drástica a forma como vivemos e trabalhamos. Tudo por causa do uso que as pessoas deram para aquele aparelhinho.

Em seguida o iPhone debutou no mercado americano e seguindo a trilha de impacto de seu irmão mais velho, iPod, também estabeleceu uma nova percepção de valor sobre o uso e função do telefone celular. Ele podia muito mais que qualquer outro celular rival e as pessoas compreenderam e deram uso para tudo isso. Se somarmos ainda a essa família o iPad, lançado em 2010, fica muito fácil concluirmos o impacto fulminante que esse trio da Apple causou na economia mundial, a ponto de ser difícil encontrarmos um setor sequer que não tenha sentido a onda de mudanças disparadas por estes ícones culturais criados por Steve Jobs e cia.

Mas o que torna o iPod, o iPhone e o iPad produtos fascinantes não é a tecnologia empregada em sua construção ou o design do seu hardware e software. O segredo do sucesso desses pequenos gadgets está na teia de experiências que foi construída em volta deles.

Quando adquirimos qualquer um dos três, estamos automaticamente nos tornando membros de um clube de elite, usuários de uma incrível plataforma de serviços chamada iTunes. Essa plataforma inclui, nada mais nada menos, do que a maior loja de música do mundo em volume de vendas, locadoras de filmes e séries, bibliotecas de livros e uma prateleira infinita de aplicativos que visam tornar o seu dia a dia mais produtivo ou ao menos mais divertido. É essa plataforma incrível de serviços que Jobs pessoalmente batalhou para construir que transforma os pequenos aparelhos da família "i" da Apple em verdadeiras chaves de acesso a um universo de experiências de alto significado pessoal e social.

O segredo da Apple não está mais apenas no design fantástico de seus produtos, mas sim no encadeamento bem orquestrado das experiências de serviço que orbitam em torno deles. Essa experiência é desejada pelas pessoas por ser conectada, relevante e altamente emocional. Com a Apple, você pode começar a utilizar o produto em uma loja física e continuar online via iTunes Store sem perceber grandes mudanças ou turbulências na fluidez da experiência. Mérito da companhia, que estuda cuidadosamente todos os seus pontos de contato e está constantemente se perguntando como melhor encaixá-los na vida das pessoas.

Para construir experiências que as pessoas amam e propagam, é necessário enxergar novas possibilidades e fazer as perguntas corretas. Para equilibrar a experiência de uso através de múltiplos canais, por exemplo, a Apple desmaterializou o processo de check-out em suas lojas, tanto físicas quanto virtual. Para comprar uma música, filme, seriado ou aplicativo, na iTunes Store o usuário precisa apenas de um click – não existem formulários a preencher. Da mesma maneira, na Apple Store, você fica debruçado numa prateleira babando nos produtos que ainda não levou enquanto um atendente finaliza a sua compra ali mesmo. Dois canais diferentes, mesma sensação de fluidez e continuidade.

Essas movimentações não são fruto de um modelo mental genial, ou de sacadas e visões que simplesmente brotaram na cabeça de Steve Jobs. Elas surgem da aplicação de um olhar centrado nas pessoas, que traz à tona variáveis que o negócio não está acostumado a enxergar na operação do dia a dia.

CAPÍTULO 21

UM ECOSSISTEMA COMPLEXO

"Inove em torno da essência."
Howard Schultz, CEO da Starbucks

No Brasil, o setor de serviços é responsável por mais de 68% do PIB. Em países desenvolvidos, o número chega a ultrapassar os 80%. É fato, vivemos numa economia de serviços. A velha separação entre produtos e serviços se tornou confusa demais para ser mantida como verdade. Muitos dos produtos que conhecemos foram "servitizados", ou seja, passaram a depender de serviços para existir.

A separação entre produtos e serviços foi questionada inicialmente em 1977 por G. Lynn Shostack, vice-presidente do Citibank na época. No artigo "Se libertando do marketing de produtos", publicado no *Journal of Marketing*,[26] a executiva questionou a aplicação dos conceitos de marketing de produtos em portfólios de ofertas de serviços.

A herança que o marketing de produtos deixou na indústria é clara. Diversas empresas que atuam exclusivamente no setor de serviços insistem em continuar chamando suas ofertas de "produtos" e os gestores dessas ofertas de "gerentes de produtos". O setor financeiro no qual G. Lynn estava inserida é um bom exemplo disso. E, apesar do artigo ter sido publicado na década de 70, até hoje é comum ouvirmos frases como "lançaremos um novo produto", quando, de fato, a proposta envolve colocar no mercado uma nova oferta de serviço.

No texto, a executiva critica a proposta da American Marketing Association (AMA) de classificar um serviço como "um produto intangível", afirmando que essa linha de raciocínio é incoerente e contraditória. Segundo G Lynn, afirmar que um serviço é como um "produto intangível" é o mesmo que afirmar que uma maçã é igual a uma laranja, só que "amaçanzada". Para ela, bens e serviços são partes de um mesmo ecossistema e, juntos, compõem a oferta para o consumidor final.

Além de definir serviços de maneira mais abrangente e condizente com a realidade, G. Lynn acabou promovendo uma visão mais centrada no consumidor ao analisar ofertas com base no que gira em torno de seu consumo e utilização. Foi ela que propôs pela primeira vez que um ponto de vista mais abrangente e holístico deveria ser adotado para tratar a construção de estratégias de novos serviços.

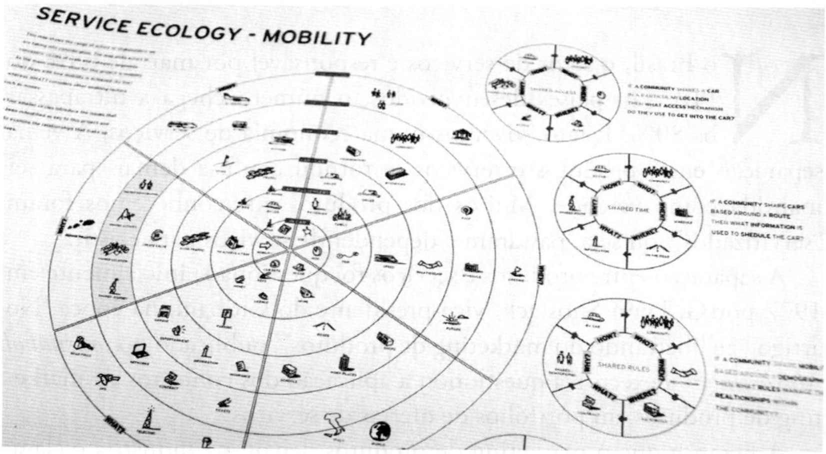

Projeto para a Fiat na Europa que envolveu o mapeamento do ecossistema do uso do carro.

"O desenvolvimento bem realizado de uma estratégia de serviço – estrutura molecular de tangíveis e intangíveis – é tão complexo que faz o desenvolvimento de novos produtos parecer brincadeira de criança." G. Lynn Shostack, então vice-presidente do Citibank em 1977

Uma evolução desse modelo de pensamento veio recentemente a ser conhecida como Service Dominant Logic ou Lógica-Serviço Dominante (SDL). A SDL foi introduzida por Stephen Vargo e Robert Lusch em 2004, também em uma edição do *Journal of Marketing*, através do artigo intitulado "Evolving to a New Dominant Logic for Marketing".[27] O texto, que ganhou prêmios e hoje detém o posto de artigo de marketing mais citado deste século, defende uma mudança na antiga perspectiva tradicional da indústria de produtos, que enxerga serviços apenas como atributos e custos a uma oferta. Segundo a SDL tudo é serviço. Produtos são, então, bens tangíveis que orbitam no ecossistema de um serviço.

A placa afirma que o serviço de escada rolante será reduzido para manutenção. Esse é um bom exemplo da máquina sendo comunicada como um serviço.

Por mais que a SDL pareça, a princípio uma teoria, um pouco radical, não podemos deixar de notar que o pensamento pautado no produto tem se mostrado perigosamente pouco sustentável tanto para negócios quanto para a sociedade. As empresas não dispostas a repensá-lo têm sofrido com a entrada de novos modelos de negócios que compreendem o impacto positivo de se estabelecer diálogos e trocas onde todos ganham, em vez de apenas monitorar transações e maximizar o lucro à custa da relação com as pessoas e com o planeta.

Até a forma como imaginamos a emissão de carbono na atmosfera está bastante relacionada com esse ponto de vista, o que não tem ajudado muito. Quando alguém com consciência sustentável compra um livro, geralmente pensa na quantidade de árvores sacrificadas para produzi-lo. Mas essa é somente parte da história. A emissão de carbono de um livro engloba desde a extração, passa pela produção na gráfica e segue nos processos de divulgação e distribuição, incluindo o caminho até a casa do leitor. O real impacto é o rastro de carbono deixado por todo esse ecossistema, que precisa existir para suportar o tangível, e não apenas o encapamento e impressão de uma unidade do "produto" livro, como fomos acostumados a pensar.

Quando tangíveis de uma oferta são desmaterializados, como a Amazon fez ao introduzir o Kindle no mercado, "servitizando" o livro, toneladas de dióxido de carbono (CO_2) antes emitidas para suportar a rede produtiva e logística daquele objeto deixaram de existir. O impacto é muito maior do que se imagina. O Kindle não é apenas "o livro digital", ele é uma porta de entrada para um ecossistema inteiramente diferente.

Essa mudança de perspectiva em relação ao objeto irá se alastrar para outras áreas e mercados. No setor de telefonia celular o preço dos aparelhos tende a zero, enquanto a miríade de serviços oferecidos pelas empresas só tende a aumentar. Estamos repensando locadoras de filmes, de carros, agências de viagens, a forma como pegamos e emprestamos dinheiro, e até mesmo como viajamos de sofá em sofá pelo mundo afora.

Na indústria automotiva essas mudanças estão também acontecendo a passos largos devido às pressões impostas pela sociedade. As montadoras precisam se posicionar frente às mudanças nos hábitos de utilização de automóveis. Muitas dessas mudanças são fruto de decisões de pessoas que querem adotar modelos mais sustentáveis de vida. Outras, consequências de politicas de incentivo ao uso de transporte público estabelecidas por governos locais, principalmente na Europa. Vários centros urbanos europeus não permitem mais, ou dificultam, a circulação de automóveis em

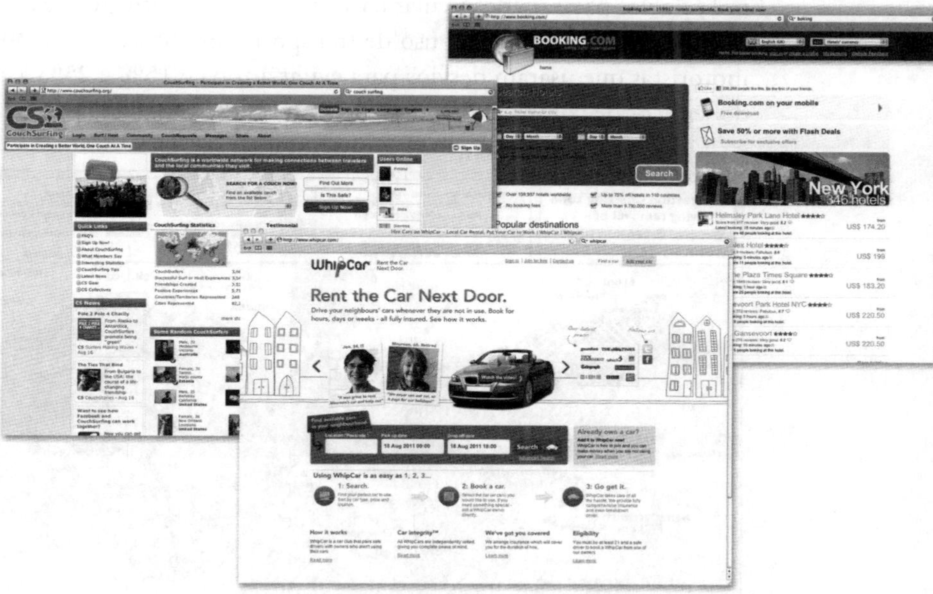

Serviços como o Whipcar.com, CouchSurfing.org e Booking.com não deixam dúvidas sobre esse novo e complexo cenário de trocas.

dias e horários comerciais, criando uma enorme barreira de uso e aquisição de veículos. Para quê manter os custos de um carro se você somente poderá usá-lo nos fins de semana?

Desde fevereiro de 2003, todos os motoristas que desejam circular com seus carros no centro de Londres, na Inglaterra, por exemplo, devem pagar uma taxa diária de 10 libras (aproximadamente R$25) por veículo. O impacto da criação da política chamada de Zona de Cobrança de Congestionamento(28) foi imediato: logo no primeiro dia, houve uma redução de 25% de carros circulando na zona tarifada. Após nove meses da implementação, um relatório do órgão público Transport for London, que monitora o tráfego e meios de transporte da cidade, concluiu que 60 mil veículos pararam de circular na área, sendo que entre 50% e 60% dessa redução foi atribuída ao uso de transportes públicos, 20% e 30% aos motoristas que usaram desvios para evitar a zona e 15% e 25% à adoção de serviços de compartilhamento de carros.

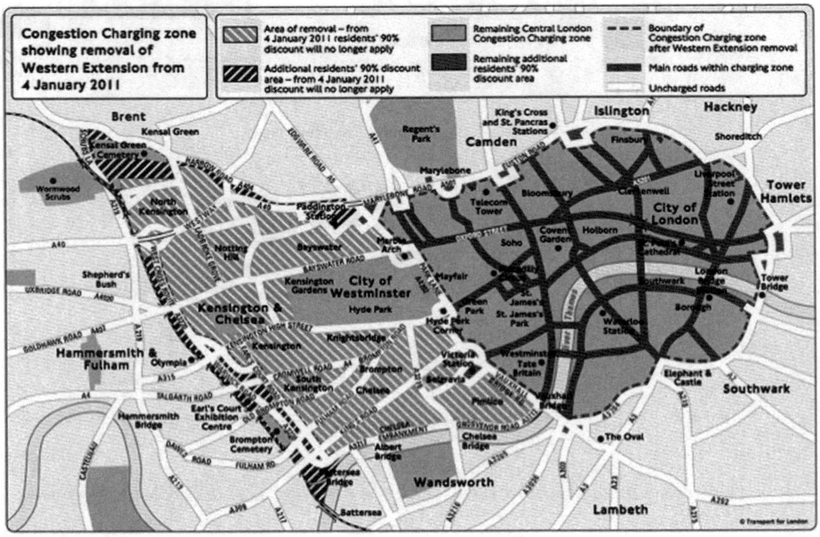

Áreas cobertas pela Zona de Cobrança e congestionamento no centro de Londres.

O papel do carro na vida das pessoas está definitivamente em processo de revisão. Isso obriga montadoras a também reverem o seu papel junto à sociedade. Recentemente, trabalhamos em um ambicioso projeto junto com a Volkswagen para definir um novo serviço de compartilhamento de carros para a gigante montadora. O serviço, posteriormente batizado de Quicar, oferece acesso fácil, com base em uma taxa de utilização por hora, a carros estacionados em regiões convenientes. Ao utilizar o carro, o membro paga apenas pelas horas de associação e utilização, sem precisar lidar com todos os custos de propriedade presentes em possuir um carro: estacionamento, impostos, seguro, prestações, multas, taxas, juros, manutenção e por aí vai. Imaginou o alívio?

Quando vemos gigantes como a Volkswagen (Quicar) e a BMW (Drivenow) fazerem a curva de transição para uma visão mais relacional e menos transacional em seus mercados, não fica difícil prevermos as movimentações de outras indústrias nos próximos anos. Afinal, não é só o papel do carro na vida das pessoas que mudou. Estamos mais conectados, extremamente sensíveis e inclinados a levar uma vida mais sustentável e em busca de experiências de alto significado e afinidade com nossos novos hábitos de vida.

TUDO DOMINADO: A LÓGICA DO SERVIÇO

Uma breve apresentação da lógica serviço-dominante para os desenvolvedores e prestadores de serviço. Ou seja, para o cidadão comum.

O serviço é o início, o meio e o fim da ciência econômica. Em resumo, é isso que dizem as maiores e melhores mentes humanas dos últimos 23 séculos. Aliás, vem de Aristóteles (384-322 a.C.) um dos primeiros textos clássicos ocidentais dizendo que o valor do bem deriva do seu valor de uso. Ou seja: o valor de um "objeto" é determinado pelo "serviço" que ele possibilita. De fato, se avançarmos no tempo (1776) encontraremos o economista e filósofo escocês Adam Smith – o criador da "mão invisível do mercado" – reafirmando que o valor de um objeto está na sua utilidade (valor no uso) ou no "poder de um objeto em adquirir outros objetos" (valor na troca). Atualmente, podemos lembrar Philip Kotler (1977) escrevendo que a importância do produto físico não está na sua propriedade, mas no serviço que ele presta. Seguindo essa lógica, por exemplo, um diamante não possui valor em si. Seu valor reside no "serviço" que ele presta como moeda de troca e, por decorrência, como símbolo de status. O mesmo pode ser dito de outros bens tais como carros (serviço de transporte), telefones (serviço de comunicação) ou guarda-chuvas (serviço de proteção).

Algo que parece extremamente pacífico entre os estudiosos – o fato de que vivemos em uma economia de serviço – gera, no entanto, um grande desconforto junto ao "cidadão comum". Afinal, para o "cidadão comum", o valor está na propriedade dos bens. Essa perspectiva baseada nos bens (objetos tangíveis) pode ser facilmente explicada. Por termos vivido nos últimos dois séculos num dos períodos mais interessantes do ponto de vista empresarial – o da Revolução Industrial – acabamos por adotar toda uma lógica industrializada, centrada nos bens. Afinal, toda a era industrial foi focada na pesquisa, desenvolvimento, produção, distribuição, comercialização, manutenção e descarte de bens. Nada mais lógico do que as pessoas também se focarem nos bens e na propriedade deles. O interessante é que, se prestarmos atenção, veremos que os bens são produto de uma série de serviços, tais como a pesquisa, a produção etc. Ou seja, mesmo na era industrial, a lógica da geração de valor continuava sendo baseada no serviço. Nesse sentido, por exemplo, não houve nos últimos anos um "crescimento da prestação de serviço no PIB das nações", pois a prestação de serviço sempre foi a base da economia das nações. Essa é a lógica de sempre.

No que já é considerado o mais importante artigo de marketing do século XXI, os Professores Robert Lusch e Steven Vargo publicaram em 2004 uma proposta de substituição à lógica bens-dominante por uma denominada lógica serviço-dominante, também conhecida como SDL ou Service-Dominant Logic. No trabalho intitulado "Evolving to a New Dominant Logic for Marketing" – e nos textos subsequentes – foram apresentadas 10 premissas fundacionais de uma economia dominada pelo serviço. A principal utilidade delas é a de nortear, de forma lógica, as ações dos atores sociais e econômicos (profissionais, empreendedores, designers, pesquisadores etc.). Para que possamos entender o que representou esse trabalho é possível fazer um paralelo com a proposta feita por Nicolau Copérnico, no século XVI, de que a Terra girava ao redor do Sol. E não ao contrário. Para o "cidadão comum" preocupado em secar as roupas no varal, aparentemente, não mudou nada. No entanto, essa mudança de lógica acabou por causar uma revolução, tamanha a energia criativa que ela gerou. Em última análise, a vida de todos – de forma consciente ou não – foi dramaticamente alterada por essa "simples" mudança de lógica. É esse o nível de impacto que todos esperam que aconteça com a proposta da lógica serviço-dominante. Ou seja, ao contrário de acreditar que os bens (objetos tangíveis) são o centro das trocas econômicas e sociais, a SDL prega o entendimento de que os bens – como os planetas – são satélites do serviço (este tomado como a metáfora de um Sol). Em outras palavras, a SDL adota a perspectiva de que os bens, na verdade, são "apenas" mecanismos de distribuição de serviço. E, por isso, não existe uma distinção entre um e outro, mas sim uma inter-relação.

Se todas as economias são – e sempre foram – economias de serviço; e se todos os negócios são prestadores de serviço, é fundamental que se defina o que é "serviço". Afinal, o que é "serviço"? Segundo a SDL, "serviço" é a aplicação de competências (conhecimentos e habilidades) de uma entidade em benefício dela mesma ou de outra. E essa aplicação, para que gere um benefício, deve fazer com que a entidade se sinta melhor depois que o serviço lhe foi prestado. *Grosso modo*, serviço é todo processo que é iniciado e executado por ou para uma entidade e que, por consequência disso, a faz experimentar um estado posterior de satisfação. Assim, o "valor é sempre única e fenomenologicamente determinado pelo beneficiário" (ver FP-10). Ou seja, ao se sentir bem após interagir com um objeto, uma pessoa terá experimentado um serviço. Isso, em si, já leva a uma aproximação com as bases conceituais do Design. Principalmente, com a preocupação holística dessa disciplina com a experiência do ser humano. O papel do design na SDL também é reforçado pelo viés da inovação, já que aquele é a principal ferramenta para a obtenção desta.

Ao entendermos o serviço como o centro do sistema econômico, inúmeras possibilidades de inovação se apresentam. O conceito de "valor em uso", em vez do valor na propriedade, permite pensar em novas soluções para diversos problemas que enfrentamos no momento. Por exemplo, o compartilhamento de objetos como carros, utensílios, ferramentas e até imóveis pode reduzir a pressão exercida nos recursos naturais. A mudança de um paradigma baseado na propriedade de bens para um baseado no uso colaborativo de bens é, em outras palavras, um passo lógico na direção certa. No entanto, adoção em larga escala desse tipo de solução pelos consumidores passa, obrigatoriamente, pela adoção em larga escala da lógica serviço-dominante pelos desenvolvedores de produtos. Ou seja, antes que o "cidadão comum" sinta e adote os benefícios da SDL, os profissionais responsáveis pelo desenvolvimento de novos produtos precisam entender e utilizá-la.

Da mesma forma a que é exigido dos astrônomos saber que o Sol é o centro do sistema planetário no qual vivemos, aos responsáveis pelo desenvolvimento de novos produtos é inadmissível desconhecer a SDL. Embora a leitura dos artigos originais exija um certo empenho, conhecer as 10 premissas fundacionais já é um bom começo para se entender a SDL. Uma busca na internet por "lógica serviço-dominante" já apresenta diversos textos excelentes em português. Para início, a leitura de quatro dessas premissas é considerada obrigatória: as FP-01, FP-06, FP-09 e FP-10. A tabela as apresenta. A leitura das mesmas, por si só, já é benéfica para o planeta. Aliás, como todo serviço deve ser.

PREMISSAS FUNDACIONAIS - PRINCIPAIS

FP-01

Serviço é a base fundamental de troca

FP-06

O cliente é sempre um cocriador de valor

FP-09
Todos os atores sociais e econômicos são integradores de recursos

---

FP-10
O valor é sempre única e fenomenologicamente determinado pelo beneficiário

Maurício Manhães possui mestrado em Gestão do Conhecimento com foco em Design de Serviço. É pioneiro no Brasil na pesquisa e aplicação da Lógica Serviço-Dominante. Atua como consultor em projetos de gestão de negócios e inovação para a Indústria da Criatividade.

CAPÍTULO 22

AS EXPERIÊNCIAS SIGNIFICATIVAS

"Um homem sem um sorriso no rosto jamais deveria abrir uma loja."
Provérbio chinês

Gestores de produtos estão sempre com pressa. Eles são recompensados por colocar novas ofertas na prateleira, e, na correria, pouco entendem ou param para refletir sobre as necessidades e os desejos das pessoas. Focam mais em estudar atributos presentes nos produtos de competidores e tentar superá-los em seus próximos lançamentos do que em encontrar janelas de relevância no relacionamento com o consumidor. A consequência disso é péssima para a empresa, que ganha um portfólio entupido de ofertas de baixo valor percebido e péssima para as pessoas que não se encontram dentro desse portfólio.

Há pouco tempo, o tempo de duração da bateria era fator-chave de diferenciação no mercado de aparelhos celulares. Lembra disso? A Nokia que o diga. As pessoas falavam umas para as outras: "Esse celular que eu comprei é ótimo, a bateria dura 4 dias!" Pois então, a Apple encerrou esse assunto em definitivo com o iPhone. Sim, a bateria dura somente um dia. Sim, você vai ter que cuidar dele como se fosse um bicho de estimação, alimentando-o todas as noites. Mas ao ter um, você não conseguirá se livrar mais dele. O iPhone pulou fora da guerra de atributos e inaugurou uma nova categoria.

Há uma falsa segurança no pensamento de que uma nova oferta lançada necessariamente simboliza o avanço do valor percebido de um portfólio. Mas a realidade é outra. A maioria das ofertas alcança o mercado e obtém níveis baixíssimos de adoção e uso, sucumbindo frente a centenas de concorrentes diretos e indiretos, ou até mesmo diante do maior inimigo de todos: o filtro de relevância das pessoas. E em um mercado soterrado de ofertas, ser irrelevante para o público é o mesmo que ser invisível. E ofertas relevantes não dependem de modelos de negócios inéditos e nem todas vêm atreladas a uma promessa de ruptura. As reais inovações de serviços são aquelas que adequam processos para que sirvam pessoas, muitas vezes ajudando essas pessoas a realizar de maneira melhor o que já fazem e, dessa maneira, transformar de maneira positiva o seu dia a dia.

Por esse motivo não corremos o tempo todo atrás da inovação. Corremos atrás de transformar serviços existentes em preferidos. A inovação será sempre uma consequência direta de alcançarmos esse propósito.

Pense num serviço que você ama utilizar e indica constantemente para amigos e conhecidos. Não se surpreenda se o que tiver imaginado não for uma Disney ou Starbucks, mas apenas aquela padaria, restaurante ou lavanderia que simplesmente o conquistou ao antecipar as suas necessidades e o surpreender com pequenos detalhes que fizeram toda a diferença. Para que um serviço tenha a chance de ser inovador, ele deve antes alcançar premissas básicas de uso e confiabilidade. Stephen P. Anderson, consultor e palestrante na área de usabilidade para importantes empresas, definiu muito bem em seu blog essas camadas em um pôster denominado "De Tarefas para Experiências".[29]

Não é incomum vermos empresas buscando criar o próximo "Post it" ou a mesma experiência da Disney. O tempo todo vemos marcas buscando novas formas de interagir com o consumidor, quando de fato suas ofertas atuais continuam entregando uma péssima experiência de uso. De nada adianta utilizar modelos finalizados e partir para copiar inovações de serviços existentes.

O atendimento da Disney não é uma tática de marketing. Os valores ali presentes não foram somente costurados para "encantar o cliente", mas representam uma manifestação concreta e bem projetada da cultura da empresa. Nenhum atributo se traduz como valor percebido se for simplesmente pendurado no "topo" de uma oferta, como uma estrela de Belém numa árvore de Natal.

Ao usar a pirâmide tarefas e experiências como referência, fica fácil entender por que ainda temos muito a caminhar no Brasil no que diz

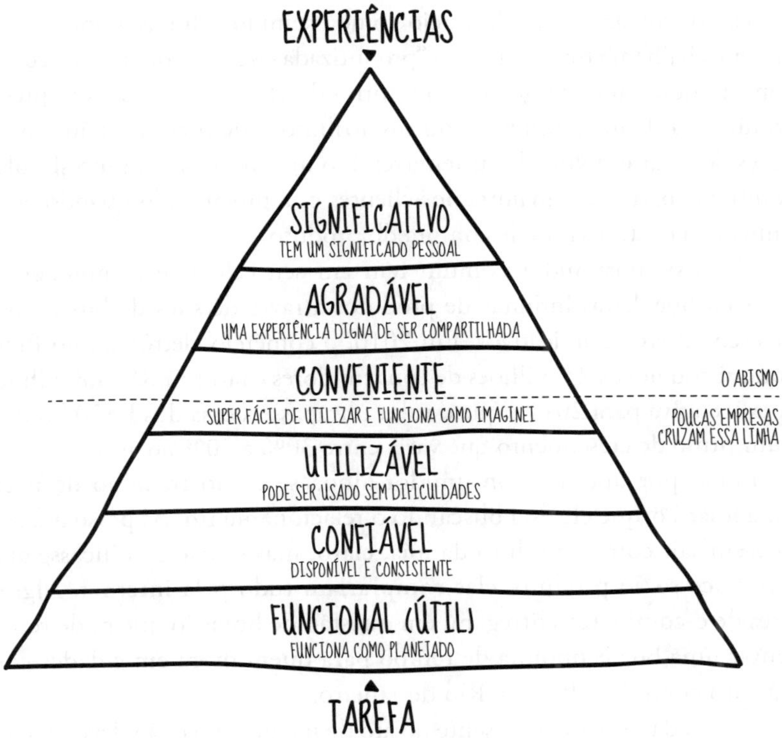

Faça um teste: em que etapa da pirâmide "Foco em tarefas <-> Foco em experiências" o serviço prestado pela sua empresa se encontra?

respeito a construir uma reputação sólida de ofertas no setor de serviços. Por aqui, poucos serviços ultrapassam a linha da conveniência e, no setor público, alguns sequer entrariam na pirâmide. Mas uma coisa é certa. No mundo todo empresas gastam milhões de dólares por ano em projetos que visam melhorar a entrega de experiências para o consumidor final. Mesmo assim, em sua maioria, entregam experiências meramente funcionais que, quando muito, não sustentam bons resultados e muito menos posicionam suas marcas como preferidas na cabeça do consumidor. O que está acontecendo?

Vamos tomar o setor de varejo como exemplo. Muitas grandes redes ainda trabalham com uma visão "produtizada" de relacionamento com o consumidor, e tentam garantir o retorno do cliente com base em preço, arquitetura de loja, estoque e outros atributos que sozinhos não são capazes de gerar um vínculo sustentável. E o motivo disso é muito simples. A última coisa que a maioria dos clientes está procurando quando entra numa loja é a transação de compra do produto.

Hoje, o consumidor comum tem em seu celular e computador o acesso a prateleiras infinitas de produtos através de sites de busca, lojas de e-commerce e aplicativos. Em 2010, o comércio eletrônico no Brasil conquistou novos 23 milhões de consumidores e faturou R$14,8 bilhões. A expectativa para 2011 é que o valor ultrapasse a casa dos R$20 bilhões, num ritmo de crescimento que varia entre 30% a 40% ao ano.[30]

Então por que um consumidor ainda se dá ao trabalho de ir até uma loja? Porque ele está buscando o relacionamento. As pessoas ainda querem sair com o produto da loja, claro, mas se isso significasse apenas o acesso ao produto, elas comprariam tudo pela internet. Alguns sites de e-commerce entregam, em questão de horas, o que pode representar uma boa economia de tempo para quem mora em cidades com trânsito como São Paulo e Rio de Janeiro.

A jornada relacional presente no ato de ir a uma loja não deve ser confudida com a busca pelo resultado de uma transação, e muito menos com o experimentar de uma boa decoração e arquitetura. Esses componentes fazem parte, mas tente lembrar de detalhes arquitetônicos da última loja na qual você se sentiu maltratado. Se lembrar desses detalhes, pense, em uma escala de 0 a 10, o quanto eles o influenciam a retornar a essa loja.

Existe a necessidade do setor de varejo, principalmente no Brasil, acordar para o fato de que serviços são jornadas de uso e não apenas o somatório de transações pontuais. Confuso isso? Vamos explicar. Quando um cliente entra numa loja, ele está vivenciando algo que começou muito antes e irá acabar bem depois dele sair dali. Andar pela rua com uma sacola de uma loja de luxo, por exemplo, é ainda parte importante da jornada de compra nessa loja.

Se você ainda acha que são coisas diferentes, propomos um teste. Experimente colar um adesivo com os dizeres "Comprou a prazo" na sacola de cada um dos clientes que o fizer e observe a reação das pessoas. Na teoria não deveria fazer a menor diferença, certo? Afinal o adesivo não interfere na qualidade do produto transacionado e nem na força de resistência da sacola.

Para complicar a vida do Marketing, a era da propaganda, do "eu defino quem sou", acabou.

A Bain & Company, famosa consultoria de pesquisa e estratégia, é responsável, entre outras coisas, pelo índice de lealdade Net Promoter Score (NPS).[31] Esse índice, que pode flutuar entre -100% e +100%, é definido ao perguntarmos para os consumidores se eles indicariam aquela empresa ou serviço para amigos ou colegas. Enquanto marcas como a Lego possuem um NPS de +80%, a média das agências de publicidade no mesmo índice ficou em -21%. Sim, você leu corretamente: MENOS 21%. E o que isso quer dizer? Bem, considerando-se que a pesquisa que correlaciona esse índice com a performance de um negócio foi feita com resultados obtidos por quase 4.000 corporações e que a correlação entre o crescimento ou o encolhimento desses negócios com a performance no índice foi de 100%... Muito. Entre outras coisas, por exemplo, que temos um mercado publicitário em franco encolhimento.

Capturar a atenção e ganhar espaço na cabeça do consumidor exige, hoje, bem mais do que falar muito, ou falar alto. Ofertas devem ser pensadas para serem relevantes e se encaixarem na vida das pessoas e não apenas comunicadas para parecerem desse jeito.

Enquanto algumas empresas continuam a investir milhões em propaganda, outras já se dedicam a investir os recursos que possuem em estratégias de valorização dos relacionamentos presentes em sua rede de valor. Para essas, a relação com fornecedores, consumidores e colaboradores vem em primeiro lugar e toda notoriedade necessária para o negócio florescer será fruto de uma boa administração dessas frentes. Agora pare para pensar com cuidado. Considerando um mundo no qual, já há algum tempo, tamanho não é documento, adivinhe onde isso vai parar.

A mesma consultoria constatou que 80% dos CEOs de 362 empresas pesquisadas acreditam entregar uma experiência fantástica para seus clientes, mas que, ao mesmo tempo, somente 8% dos clientes dessas empresas concordam com a afirmação. Essa diferença colossal ficou conhecida como "O Vão da Entrega" (The Delivery Gap).[32]

A crença dos CEOs na entrega de uma experiência excelente está diretamente relacionada aos milhões investidos para garantir que isso seja verdade. Hoje nenhuma empresa pode se dar ao luxo de dizer que entregar uma boa experiência não é importante para o seu negócio. Ninguém está apático nesta corrida. Além disso a pesquisa mostrou que 95% dos gerentes pesquisados afirmam estar atuando com um foco centrado no consumidor. Esse dado demonstra que ninguém está dormindo no ponto. Mas prova também que existe um ruído grotesco entre planejamento, execução e resultado.

As empresas mais bem-sucedidas em diminuir esse ruído e entregar experiências extraordinárias são as que estão mais preocupadas em desenhar e sustentar um relacionamento próximo, sincero, transparente e empático com seus clientes e fornecedores. Dessa forma, elas diminuem o risco de projetar ofertas fúteis e de baixo valor agregado e aumentam o impacto de cada centavo investido em projetos, sejam esses de melhorias de situações existentes ou busca de novos modelos de negócio.

CAPÍTULO 23

A JORNADA DO CONSUMIDOR

"Faça o que você faz tão bem que eles vão querer ver de novo e trarão os amigos."
Walt Disney

Já dissemos aqui que um serviço é um sistema composto por interações e evidências que são vivenciadas ao longo de um determinado período de tempo. Mas como mapeamos tudo isso? Como fazemos para que o serviço possa ser visualizado e entendido por todos os membros da nossa equipe e da equipe de nossos clientes?

Duas ferramentas nos ajudam a trilhar o caminho de tangibilizar a rota de um serviço. A jornada do consumidor e o Blueprint de serviços.

Nossa equipe trabalhou no Brasil lado a lado com a equipe de engenharia de software de uma gigante global da tecnologia para desenvolver um módulo de seu aplicativo de CRM, plataforma on-line de relacionamento com clientes. O objetivo do projeto era criar um módulo novo especializado no setor de Bem-Estar. Esse setor da economia é um dos que mais cresce no mundo atualmente e o Brasil é o segundo país com maior número de clientes ativos em academias e spas, perdendo apenas para os Estados Unidos.

Considerando que nos Estados Unidos a motivação para a adoção do exercício físico está mais ligada à busca pela saúde e ao combate à obesidade, o Brasil foi escolhido como país-sede do projeto. Nele, nós ajudamos a equipe de desenvolvimento a compreender o funcionamento deste mercado com base em três stakeholders fundamentais: clientes, professores de Educação Física e proprietários de centros de fitness e spa.

Durante a etapa de imersão, nossa equipe viajou o Brasil inteiro, visitando dezenas de centros de wellness, acompanhando clientes novos e antigos em suas jornadas de uso e compreendendo sua relação com o serviço. Em seguida realizamos uma série de workshops com proprietários de academias e spas e trabalhamos com especialistas e consultores do setor para mapear e compreender oportunidades.

Roleplay – Prototipagem através da encenação de um processo com empresários do setor de fitness e wellness.

Todo esse mergulho nos trouxe uma visão clara sobre como as relações de troca de valor aconteciam, e quais eram as oportunidades existentes nessas relações que poderiam ser acionadas e potencializadas. Nossa equipe também estudou o funcionamento dos negócios e os processos de suporte envolvidos no atendimento ao cliente. Ao final projetamos um guia de melhores práticas contendo diretrizes para que a equipe de desenvolvimento projetasse interações relevantes e de alto valor agregado.

Utilizamos a Jornada do Consumidor como lente de visualização, no caminho de tangibilizar para a equipe técnica do cliente toda informação que capturamos. Resolvemos incluir parte desses resultados aqui para que você possa compreender de maneira clara o que estamos querendo dizer.

CONSCIENTIZAÇÃO
INICIATIVA
ENGAJAMENTO
REAVALIAÇÃO
DESISTÊNCIA
ME CONSCIENTIZO
BUSCO ACEITAÇÃO
ME ORGANIZO
ME EQUIPO
ESCOLHO
DECIDO
ME ADAPTO
PERCEBO RESULTADOS
A PRIMEIRA QUEDA
FUGINDO DA CULPA
ADEUS, EXERCÍCIOS...

CONSCIENTIZAÇÃO

ME CONSCIENTIZO

A pessoa começa a se incomodar e questionar seus hábitos atuais e aparência física. A motivação varia de indivíduo para indivíduo: uns querem ficar mais bonitos, enquanto outros procuram combater o stress diário, alimentação e vícios como o cigarro. Alguns procuram tudo isso ao mesmo tempo!

BUSCO ACEITAÇÃO

Somos animais sociais. Uma mudança de hábito que impacta a nossa agenda social é quase sempre compartilhada com as pessoas mais próximas para que possamos, com a aceitação delas, ganhar forças para seguir em frente. Ao comentar com a esposa(o), namorada(o), amigos, chefe ou colegas de trabalho suas intenções, a pessoa avança um grande passo em direção a realizar a transição.

ME ORGANIZO

Para iniciar uma rotina de exercício, a pessoa precisa abrir mão de outras coisas para encontrar tempo e espaço em sua vida. É nesta etapa em que, por exemplo, um casal busca sincronizar suas agendas de saída do trabalho para praticar uma atividade física juntos.

ME EQUIPO

Apesar das academias existirem principalmente para colocar as pessoas em forma, elas também são vistas por muitos como uma arena da beleza, um lugar onde outros usuários mais experientes desfilam seus corpos e causam aos iniciantes uma certa barreira de adoção. Como as pessoas combatem isso? Indo às compras. Antes de efetivamente se matricular elas arrumam um jeito de dar uma passadinha em uma loja ou shopping, para se equipar para a guerra.

ESCOLHO

A pessoa procura um lugar ideal para malhar, visitando, em média, duas academias para escolher uma. Em sua primeira visita, quase sempre é realizado com ela um "tour de vendas", que tem como objetivo apresentar algumas áreas da academia e impressionar o consumidor com as instalações.

DECIDO

Planos confusos, explicações mais confusas ainda, funcionários mal treinados e condições de pagamento que visam mais acorrentar uma âncora no pé do cliente para mantê-lo refém do negócio do que lhe dar as boas-vindas. É nesse cenário que preciso dar o meu passo mais importante e efetivamente me inscrever na academia que mais gostei.

ME ADAPTO

Parte importante da jornada de adoção da prática de exercícios físicos. A fase de adaptação pode durar até mesmo uns bons 3 meses. Aqui a pessoa está capturando estímulos a centenas de quilômetros por hora. É a etapa na qual percebemos mais facilmente as falhas e barreiras de um serviço por estarmos absorvendo as informações do novo ambiente e aprendendo a navegar nele.

PERCEBO RESULTADOS

A pessoa começa a se sentir em casa e fica mais confortável ao notar que está perdendo os primeiros quilinhos ou ganhando alguma massa muscular. Os primeiros benefícios também ajudam na disposição e melhoram o sono. O usuário atinge aqui o seu pico motivacional.

A PRIMEIRA QUEDA

Com o passar do tempo, a rotina do dia a dia começa a pesar, diminuindo o ritmo de prática da atividade física. Alguns obstáculos se tornam intransponíveis como a preguiça após um dia de trabalho, o clima frio e projetos atrasados e estressantes. Aqui, novos fatores motivacionais devem entrar em cena para não deixar o usuário entrar no processo de abandono.

FUGINDO DA CULPA

A falta da prática do exercicio dá margem para que antigos hábitos retornem e novos hábitos se instalem. O usuário começa a encontrar desculpas racionalmente coerentes para escapar da academia. Tal esforço é suportado por um modelo mental que mantém baixo ou anula o sentimento de culpa de estar pagando e não frequentando. É como se as pessoas estivessem literalmente “pagando para não se aborrecerem”.

CONSCIENTIZAÇÃO INICIATIVA ENGAJAMENTO REAVALIAÇÃO

DESISTÊNCIA

ADEUS, EXERCÍCIOS...

Após um longo período sem frequentar a academia, o significado daquela jornada se perde. Muitos estabelecimentos entram em contato com os desistentes somente próximo ao vencimento do plano, afirmando que sentem "saudades", mas na prática o telefonema está relacionado com a data de renovação do plano de matrícula. E nesse momento já é tarde demais.

CAPÍTULO 24

REMÉDIOS PARA AS FALHAS

"Sempre que você for confrontado por um oponente, conquiste ele com amor."
Mahatma Gandhi

Imagine a seguinte cena:

Às 20:21, no Aeroporto Internacional de Guarulhos (SP), uma mãe e sua filha pequena se dirigem ao balcão da Polícia Federal para a verificação de segurança. Ela aguarda pacientemente por alguns minutos, e então começa a ficar apreensiva com a demora. Dez minutos se passam até que um funcionário aparece para notificar a mulher de que não será possível embarcar com a criança pois a autorização cedida pelo pai não está em conformidade com o padrão exigido. O papel é então retornado para a mãe, que fica desesperada.

Com a voz trêmula, ela tenta explicar que seguiu todos os procedimentos da companhia aérea e que no momento do check-in verificou tudo novamente com um funcionário da empresa. A papelada, garantiu o funcionário da companhia aérea, estava ok. Com base nisso, o pai da menina havia embarcado na frente para o Rio de Janeiro, com a esperança de encontrar ainda naquele dia sua esposa e filha. Mas isso não aconteceu. Apesar de apelar diversas vezes, a mãe realmente não conseguiu a autorização para embarcar e, frustrada, se dirigiu novamente ao balcão da companhia aérea, que então lhe ofereceu a restituição do valor do bilhete.

O problema é que o valor do transporte já estava longe de ser, naquele momento, equivalente ao valor financeiro do bilhete. Lembra quando dissemos que o consumidor cocria o valor? Nesse caso, devolver o valor da passagem pode parecer lógico para a companhia, mas devido à encrenca em que essa mãe se encontra, está longe de ser o mesmo que solucionar o problema.

Nós chamamos de Rescue of Service Status (Reset) (Método de Resgate do Serviço, em inglês) ao conjunto de técnicas planejadas para serem executadas a partir do momento em que algo dá errado num serviço. A ideia é remediar, evitando que pequenos problemas na jornada de uso escalem para o patamar de falhas catastróficas que colocam o consumidor em situações complicadas, como a daquela mãe.

Uma estratégia de Reset deve ser planejada com base no entendimento das diversas variações da jornada de uso de um serviço. Estes detalhes nos ajudam a pensar em processos de suporte a falhas que devem ser executados em situações específicas. Para planejar essas interações é essencial considerarmos o que o cliente estava passando até o momento, incluindo de onde veio, por que estava ali, para onde estava indo, suas expectativas e objetivos, além de outros pontos importantes que podem influenciar na sua percepção da situação e moldar a sua tomada de decisão. Ou seja, toda estratégia de resgate deve, sempre, ser alicerçada na jornada do consumidor. É simplesmente impossível remediar uma crise de maneira bem-sucedida sem compreender a situação específica em que o cliente se encontra. A regra é ouvir, sentir e agir. Exatamente nessa ordem.

1. Estabeleça uma comunicação eficiente

Quando um problema acontece, é preciso ser transparente para com o usuário e comunicar que um problema ocorreu. O usuário precisa saber que está enfrentando uma situação adversa, e ser informado sobre as causas, consequências, direitos e possíveis tentativas de solucionar o problema que possam estar em andamento.

2. Assuma a responsabilidade

Uma das principais características dos psicopatas é a sua falta de capacidade de assumir culpa. Não é à toa que costumamos evitar pessoas assim. Ao se colocar na mesma posição, uma empresa está arriscando a sua reputação, afinal, quem quer estabelecer relacionamentos de longo prazo com alguém que é incapaz de demonstrar emoções? Essa atitude não funciona nas relações pessoais e não funcionará nas relações comerciais.

Muitas empresas insistem em não assumir a culpa sobre uma falha e persistem no ato de empurrar a culpa para fornecedores, parceiros e até mesmo outros funcionários. Isso tudo gera uma maior carga emocional na relação e uma diminuição substancial da confiança do consumidor. Afinal, quem acredita que alguém que não assumiu a culpa sobre um problema esteja realmente trabalhando de maneira intensa para resolvê-lo?

Quando o assunto é relacionamento, procuramos equilíbrio entre o que é certo e errado, justo e injusto. Se a nova economia pede um modelo relacional, será sempre válido e útil buscarmos as respostas sobre como agir na maneira como as pessoas criam e cultivam seus relacionamentos.

3. Seja responsivo

Um relacionamento de constante troca de informações deve ser estabelecido com o usuário para deixá-lo a par das ações que estão sendo tomadas para solucionar o problema. O caminho entre o problema e a solução é por si uma jornada. Por isso, é importante deixar claro para o usuário em que ponto ele se encontra e quais são os próximos passos a serem dados. Essa prática reduz de forma significativa o stress desnecessário causado pela sensação de impotência e desorientação.

4. Seja empático

O problema pode não ser tão simples de solucionar, como foi o caso daquela mãe. Portanto, então ser empático e se colocar no lugar das pessoas é sempre uma ótima forma de começar a busca por uma solução. O ponto de partida para a ação deve ser, sempre, o entendimento da situação que está sendo vivenciada pelo usuário, incluindo o impacto em outras pessoas que estão sendo afetadas pela ocorrência. Toda solução que vise remediar um problema deve fazer sentido para a pessoa que o está enfrentando, ou irá consumir recursos desnecessários e não recuperar a falha.

Muitas empresas, quando enfrentam uma crise, se apressam a comunicar a obrigação legal que possuem naquela situação para com o consumidor. Isso pouco ajuda. Além de demonstrar desnecessária frieza relacionada à situação enfrentada pelas pessoas. Na pressa por se defender, esquecem que, em contrapartida, não há nenhuma lei que obrigue o consumidor a se relacionar de novo com a empresa. Durante todo o tempo em uma situação de resgate é importante que a equipe mantenha em mente que o foco da sua atuação vai além de resolver o problema pontual que está ocorrendo. O objetivo é sempre o resgate do relacionamento.

Ao perceber que estava sendo vista como a causa da escassez de água em alguns vilarejos rurais da Índia, a Coca-Cola se apressou a apresentar provas mostrando que aquele problema não tinha nada a ver com o seu método de extração de água. O resultado da ação foi péssimo. A notícia se espalhou pelo mundo e a marca foi intensamente criticada pela postura de se esquivar do problema. Sua atitude foi largamente interpretada como descaso pela situação das pessoas vivendo naquelas regiões.

A Coca-Cola realmente não era a causadora daquele problema especificamente, mas após perceber a repercussão de suas declarações, lançou um programa para trabalhar com os moradores dos vilarejos que ficam próximos às suas fábricas ao redor do mundo, ajudando essas pessoas a mapear as fontes de água e colaborando para garantir um abastecimento sustentável nessas pouco abastadas áreas rurais.

Muitos problemas podem não ter uma solução direta. Mas mesmo sem uma solução definitiva, consumidores tendem a valorizar uma abordagem empática focada em amenizar os problemas que estão enfrentando.

Em qualquer circunstância, devolver o dinheiro para o cliente nunca é suficiente para remediar um problema. Tal ação, sozinha, vai sempre gerar frustração. Afinal, se o consumidor realmente quisesse o dinheiro, ele não teria trocado a quantia pela sua oferta em primeira instância.

5. E por último: Se for possível, solucione.

A solução do problema é o último estágio e nem sempre é a reversão exata da ocorrência. Até porque isso nem sempre é possível. Mas a boa notícia é que, como muitas coisas na vida, a jornada nesse caso é realmente mais importante que o destino. A maneira como a empresa lidou com o consumidor nas etapas anteriores ditará, e muito, o valor percebido por ele.

A solução em si, por incrível que possa parecer, não é a única resposta e nem sempre a mais apreciada. Muitas vezes um consumidor pode ter o seu problema solucionado rapidamente, e isso vir atrelado a uma atitude que o desagradou e colaborou ainda mais para agravar a sua má percepção em relação ao serviço. É o famoso: "Eles consertaram sim, mas eu não utilizo o serviço deles novamente." Não é difícil lembrarmos de situações parecidas que já vivenciamos.

CAPÍTULO 25

EQUILIBRANDO TROCAS DE VALOR

> *"Para conseguir a amizade de uma pessoa digna é preciso desenvolvermos em nós mesmos as qualidades que naquela admiramos."*
>
> Sócrates

No Brasil, não é nada incomum vermos processos que foram pensados e construídos primeiro para serem à prova de fraude, furto e corrupção, e depois adaptados da maneira "que deu" para interagir com as pessoas. Em nossa cultura, ainda vivemos em parte sob a ótica dos velhos estigmas e é bem normal nos pegarmos repetindo, ao vermos um serviço funcionando bem em outro país, frases como: "Ah, se fosse no Brasil as pessoas iam fraudar isso…."

Mas, felizmente, esse quadro começou a mudar. A ideia de que no Brasil todo mundo sempre está tentando tirar proveito de forma errada começa a cair por terra com a chegada de uma geração extremamente criativa e colaborativa, ávida por mudar este estereótipo e que contamina diariamente as gerações mais antigas com seus novos (e refrescantes) pontos de vista. A cultura do malandro, daquele que leva vantagem em cima de tudo e todos, não é mais largamente apreciada.

No entanto, é fato que, independente da cultura para a qual estamos projetando, precisamos criar mecanismos que incentivem o melhor uso e desestimulem a fraude. Um exemplo disso é o modelo de funcionamento do Netmovies.com, serviço brasileiro de locação de filmes, que usa um modelo de negócio parecido com o do pioneiro americano Netflix, o qual isenta seus usuários da multa de não devolução de filmes, permitindo que as pessoas fiquem com os filmes em suas casas por quanto tempo elas quiserem sem serem penalizadas por isso.

É aqui que entram o que chamamos de Routines of Protection (ROPE) (Rotinas de Proteção). Uma ROPE é uma abordagem implementada na estratégia de um serviço que provoca em seus usuários a vontade, e a obrigação, de utilizá-lo da melhor maneira para que todos da rede de valor consigam extrair o melhor da troca.

No caso da Netmovies.com.br, site de locação de filmes, apesar de muitos terem dito "Ah, no Brasil terá que ter multa porque senão as pessoas nunca irão devolver os filmes", o serviço foi implementado com um modelo bem parecido ao vigente nos Estados Unidos criado pela Netflix. Você se associa ao site, cria uma lista de preferências e automaticamente um filme é entregue na sua casa. Lá, o filme pode ser visto na hora, via streaming. No Brasil, é entregue por um serviço dedicado de couriers.

Sim, mesmo aqui no Brasil, você pode ficar quanto tempo quiser com o filme em sua casa sem pagar nenhuma multa. Ao contrário do que praticavam as falidas ou agora forçosamente "nichadas" locadoras tradicionais. Mas tem um porém: se você não devolver o filme, não poderá alugar um novo. Ou seja, só é possível tirar o melhor proveito da mensalidade do serviço se você fizer a sua parte e devolver os filmes com frequência. Essa tática equilibra o processo de troca com sucesso e não é percebida pelos usuários da mesma maneira que um contrato, estatuto, política, multa ou algum outro ato imposto por força maior. Parece justo. Se eu não devolvo, eu não pago multa, mas também não pego um novo filme.

Uma ROPE faz isso. Ela é um mecanismo que garante que todos só têm a ganhar caso se comportem de maneira coerente com o seu papel na rede de valor do serviço. Ela garante que uma troca vai funcionar bem porque é de interesse de todos os envolvidos que funcione assim.

São essas rotinas que também permitem que um projeto como o Couchsurfing.com possa continuar funcionando e crescendo em confiabilidade e alcance. O site, que viabiliza que você viaje o mundo dormindo na casa de outras pessoas ou hospede pessoas de outros países no sofá de sua casa, utiliza rotinas de proteção para garantir a segurança de seus membros. Algumas delas podemos conferir abaixo.

- Referências: São feedbacks que membros escrevem uns sobre os outros descrevendo a experiência que tiveram de convívio. Um membro não pode deletar ou mudar as referências que outros membros criaram sobre ele.
- Vouching: Demonstra um forte vínculo entre membros e é considerado um forte sinal de confiança. Quando um membro atribui um voucher a outro membro, ele declara que dá suporte a todas as ações dele. Qualquer coisa que o membro que recebeu o voucher fizer, boa ou ruim, reflete naqueles que lhe atribuíram um voucher.

Sem fazermos uso dessas estratégias de proteção e incentivo ao melhor uso, alguns serviços como, por exemplo, o Whipcar.com, que permite que você compartilhe o seu carro com o seu vizinho na Inglaterra, seriam impossíveis de serem implementados. Regras e contratos não iriam criar a confiabilidade necessária para que pessoas confiassem seus carros a desconhecidos. Para ajudar a Whipcar na construção da estratégia de funcionamento do serviço, mergulhamos na vida das pessoas para entender quais barreiras de uso e confiabilidade elas enxergavam e trabalhamos junto com elas em ROPEs para ajudá-las a equilibrar trocas e superar essas barreiras.

Enquanto escrevemos este livro, temos acompanhado de perto a trajetória de Ronaldinho Gaúcho no Flamengo. Com um carioca flamenguista (Tenny) e um gaúcho gremista (Luis) na equipe, não é de se admirar de onde venha tanto interesse.

Ao se apresentar ao Flamengo no Rio de Janeiro, a torcida rubro-negra logo se mostrou preocupada com as noitadas e a vida desregrada do jogador. Com razão. Tanta bagunça já deixou o craque em maus lençóis na Europa, onde jogou temporadas inteiras com performances muito abaixo do potencial de seu futebol.

Não demorou muito para a torcida perceber que, mesmo com todos os contratos, cláusulas e acordos entre os dirigentes do clube e o jogador, as farras e noitadas de Ronaldinho estavam aí para ficar. Com um vigor fora do comum para badalações e pouco brilho nos campos, não demorou muito para o craque irritar a torcida carioca que, com bastante criatividade, criou sua própria ROPE: o Disk Dentuço.

O serviço é muito simples: qualquer pessoa que ver o Ronaldinho na praia, bar ou festa pode ligar para um telefone e denunciar. A equipe do Disk Dentuço então avisa à mídia, que, por sua vez, pega no pé do craque.

Nos jogos seguintes, após o Disk Dentuço ter sido colocado no ar e divulgado, Ronaldinho melhorou significativamente e despontou como artilheiro no Campeonato Brasileiro. Em parte por causa do funcionamento do serviço, em parte por causa da mensagem de descontentamento popular que toda essa mobilização da torcida emitiu.

Escolhemos mencionar o inusitado serviço aqui para mostrar que algo simples e com custo de implementação extremamente baixo funcionou como rotina de proteção, enquanto todas as regras, políticas, contratos e multas, determinados por advogados caríssimos na ocasião da compra do jogador, não o fizeram.

Assim como uma amizade não se inicia com um contrato, relacionamentos entre consumidores e marcas, para serem bem fundamentados e sinceros, deverão ser repensados e humanizados. Contratos talvez ainda continuem sendo necessários, mas não podem mais ser os únicos agentes balizadores da relação. Equilibrar as interações, preservando a integridade do negócio e das pessoas é agora fator crítico na pauta de qualquer construção estratégica.

CAPÍTULO 26

PROJETO AQUARELA

"Pintar representa um alívio na dor do paciente."
Helena, enfermeira do Hospital Emílio Ribas

A Carmim é uma ONG que trabalha com arteterapia em hospitais desde 1996. Além de aumentar o conhecimento e a expectativa de vida de muitos pacientes através da arte, a ONG estimula a expressão dos sentimentos de cada um pela pintura.

Ela surgiu a partir de um sonho de Eduardo Valarelli, artista plástico que uma vez pôde sentir na pele o péssimo tratamento que os hospitais brasileiros oferecem ao precisar ser internado por 4 meses. O tempo ocioso e o tratamento frio de enfermeiros e médicos em nada colaboravam com o seu quadro e o fizeram embarcar em uma depressão. Ao longo de sua estada, Eduardo percebeu também que outros pacientes sentiam o mesmo e alguns desistiam até de viver, recusando os tratamentos. Após vivenciar essa situação, ele decidiu utilizar as ferramentas que estavam ao seu alcance para ajudar essas pessoas que passam muitas vezes os piores momentos de suas vidas esquecidas de tudo e de todos.

No início, Eduardo andava de quarto em quarto, olhando nos olhos de cada paciente, tentando convencê-los a dizer sim para a arte e aceitar iniciar uma jornada de aprendizado que, acreditava ele, mudaria para sempre suas vidas. Mas a realidade é que poucos conheciam o poder transformador da arte e, por estarem ainda sensíveis em relação à sua situação, não se sentiam à vontade de se engajar em nada.

Com o passar do tempo e ganhando a confiança de alguns pacientes, médicos e enfermeiros, Eduardo começou a apresentar resultados tangíveis de suas aulas de arte com pacientes. O hospital se tornava mais humano e colorido, médicos e enfermeiros começavam a notar melhorias de quadro clínico decorrentes do envolvimento dos pacientes com a arte, e a enxergar na prática os efeitos dessa nova perspectiva em suas vidas.

O DESAFIO

Após 15 anos de projeto e atuação em mais de nove hospitais, incluindo o Emílio Ribas em São Paulo, a Carmim vivenciou de forma dura a crise econômica de 2008, com seus patrocinadores retraindo seus incentivos. A ONG viu a sua principal fonte de receita secar vagarosamente, o que forçou o seu desativamento provisório no mesmo ano.

Em 2011, Eduardo e a equipe da Carmim nos procuraram, explicando a trajetória da ONG e expondo a situação atual em que se encontravam. Entre os seus principais problemas estavam a informalidade e falta de um processo bem estruturado na maneira da ONG interagir com hospitais, pacientes e patrocinadores. Isso prevenia a Carmin de alcançar novos investidores, e atrair voluntários para a causa.

Após ter realizado um trabalho fantástico de construção da proposta de valor da marca Carmim, a organização decidiu que estava na hora de estruturar todos os serviços que seriam oferecidos aos seus clientes.

O PROJETO

O nosso processo de imersão começou no Hospital Emílio Ribas, berço de atuação da Carmim. Conversamos com médicos, enfermeiros e pacientes. Foi uma ótima experiência conviver com essas pessoas e entender o quanto a Carmim era vista como relevante para o seu trabalho e dia a dia.

Todas as pessoas entrevistadas defendiam o retorno das atividades da Carmim e afirmavam que o ambiente realmente ganhava novas cores e os pacientes tinham melhoras clínicas quando o projeto estava por perto. Além disso muitos passavam a viver como artistas depois da alta e a maioria jamais abandonava a arte.

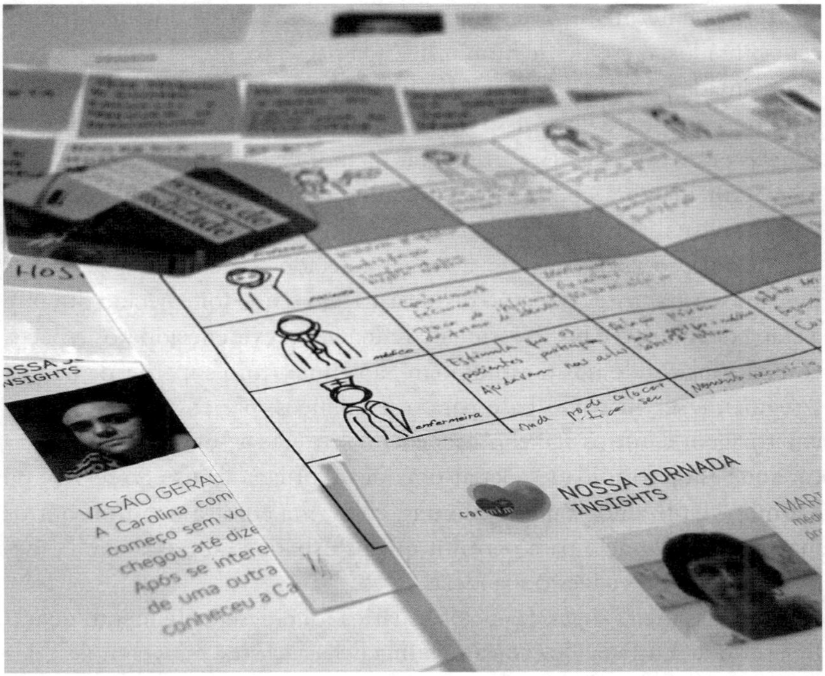

Material utilizado para executar e processar as entrevistas de profundidade com os usuários da Carmim.

Eduardo Valarelli, fundador da Carmim, falando sobre o projeto.

http://vimeo.com/30107443

Alguns enfermeiros conseguiam interpretar, através dos quadros recém-pintados, o estado de humor de cada paciente, ou seja, a tristeza era representada por cores escuras e símbolos sombrios e alegria e disposição por cores quentes e vivas. Isso lhes fornecia pistas sobre como lidar com aquelas pessoas de maneira a respeitar melhor os seus momentos.

Foram insights como esses que guiaram as diversas soluções que você irá visualizar nas próximas páginas.

Após o processamento do material coletado nas entrevistas e visitas iniciamos a etapa de cocriação de ideias. Tudo o que foi coletado durante a etapa de imersão e posteriormente refinado foi evidenciado nos espaços compartilhados de nosso estúdio em São Paulo (foto superior da página a seguir), e serviu como base para que médicos, pacientes, diretores de enfermagem e outros stakeholders cocriassem ideias sobre como endereçar aquelas oportunidades e criar uma nova jornada de uso do serviço da Carmim. Utilizamos papéis, tesouras, colas, fita adesiva e muitos outros materiais como meio para permitir que os usuários expressassem da melhor maneira suas sugestões e ideias.

Uma das ideias sugeridas pelos usuários foi o desenvolvimento de um Relatório de Entrada, que consiste numa ficha cadastral mais completa dos pacientes que aderem à Carmim. O objetivo desse relatório é traçar o perfil por interesses, preferências, entre outras coisas. Um espaço onde o paciente possa relatar os seus problemas e compartilhar informações.

Diversas ideias como essa foram posteriormente trabalhadas e complementadas ao longo do processo por novos workshops para garantir que continuassem em linha com as necessidades e desejos das pessoas envolvidas em sua concepção. Além disso, prototipamos soluções utilizando materiais simples. Uma dessas soluções em fase de protótipo você pode conferir na página a seguir, figura inferior. A solução, que posteriormente foi implementada, é a oferta da paleta usada pelo paciente desde a sua entrada no hospital até a sua alta, a um patrocinador. A paleta passa a ser ofertada em formato de um quadro como evidência da jornada de transformação vivida por aquela pessoa e em agradecimento ao apoio daquela organização. A solução combina o olhar de valorização da vida e o orgulho em fazer parte.

Sessão de cocriação envolvendo todos os stakeholders relevantes para o projeto.

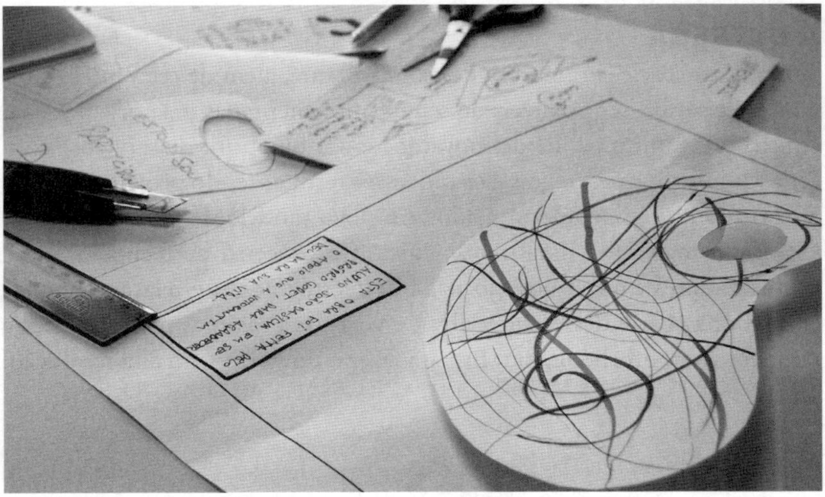

Protótipo da paleta "em homenagem" da Carmim.

Sessão de prototipagem com médicos, enfermeiras e pacientes.

A ENTREGA

Após uma seleção rigorosa das soluções que, além de relevantes, também precisavam ser possíveis de serem implementadas pela organização, construímos um pipeline de inovação* e um blueprint de serviços* com todas as informações, regras e os processos resultantes do projeto para que a Carmim pudesse começar a adotar o novo modelo de funcionamento. Com esse material a organização iniciou o processo de recuperação de patrocinadores e a sua nova jornada de recrutamento e relação com colaboradores. Parte desse material você verá nas próximas páginas. Acesse também www.dtbrbook.com.br para fazer o download em alta resolução.

* Confira essas técnicas no Service Envy Toolkit, presente neste livro.

<<<<<<<<<<<<<<<<<<<<<<<<<<<<<<<<<<<<<<<<<< PACIENTE — ALUNO >>>

Antes do paciente se engajar com a Carmim — Depois do paciente aceitar participar no Projeto Carmim

	ANTES DE MAIS NADA	ENTRADA NO HOSPITAL	INTRODUÇÃO	PRIMEIROS MOMENTOS	O PROGRESSO	A ALTA	PÓS-HOSPITAL
IMPRESSOS	CARTILHA DO ANJO A1 KIT PROFISSIONAL DA ARTE C1	BLOCO E LÁPIS P2		KIT O INÍCIO P5		VIDA E OBRA P8 SELO CARMIM VIDA COM ARTE P9	
CARMIM STAFF	PROCURA-SE UM ANJO C2 STAFF EQUIPADO C3 CAFÉ COM ARTE C4		BATE-PAPO COM O ANJO P3 O ANJO A2		INÍCIO DAS AULAS COM A CARMIM JOVEM APRENDIZ C5		CARMIM ESCOLA P10
MEIO DIGITAL			VIDEODEPOIMENTO P4		ESPAÇO ABERTO P6		CAMISETAS CARMIM C7
CONTATO EXTERNO		POSTAIS E DISPLAYS P1			EXPOSITOR DE PORTA P7 POSTAIS E DISPLAYS C6		POCKET EXPOS C8 ENCONTRO PARA OS EX-ALUNOS P11

P JORNADA DO PACIENTE — C AÇÕES CARMIM — A AÇÕES ANJO

PROCURA-SE UM ANJO C2

Para a Carmim oferecer uma ótima infraestrutura, o passo inicial deverá ser encontrar seus Anjos, voluntários do Projeto.

A Carmim utilizará todos os pontos de contato externos e internos para comunicar a importância dessa pessoa dentro de seu funcionamento e recrutá-la. O recrutamento será realizado por:

- E-mail Marketing
- Website
- Postais
- Pocket Expos Carmim

KIT O INÍCIO P5

Quando o paciente aceitar a Carmim ele receberá um kit para dar início ao projeto de aprendizado, com materiais que são fundamentais para seu progresso na arte.

Itens do kit:

- Guia com a história da Carmim;
- Calendário para o paciente saber os dias de aula;
- Giz de cera e caderno para prática de desenhos.

A produção de todo o conteúdo e a distribuição do kit será de responsabilidade da Carmim.

JOVEM APRENDIZ C5

Jovens estagiários da área da saúde acompanharão o professor Carmim para aulas e interação com os pacientes. Esse tipo de treinamento é fundamental para dar uma nova visão aos profissionais do amanhã, mostrando a eles que as atividades que ajudam a ocupar o tempo do paciente são fundamentais para seu tratamento e melhora.

Esses acompanhamentos devem ocorrer no mínimo uma vez por semana, apenas com pacientes que estejam dispostos a participar desse tipo de atividade, nem sempre eles estão abertos a visitas por conta do estado sensível.

POCKET EXPOS C8

São exposições itinerárias com estrutura de fácil montagem e desmontagem que serão realizadas para dar mais visibilidade para a marca e vender os postais para as pessoas interessadas em ajudar no projeto Carmim.

As Pocket Expos são importantes também pois permitirão levar mensagens de fora do hospital aos pacientes-artistas. Para que isso aconteça, serão disponibilizados post-its nos quais as pessoas escreverão mensagens de incentivo que depois serão entregues aos pacientes pelo Anjo.

Esses eventos poderão acontecer em locais abertos ou fechados, públicos ou particulares, dependendo do objetivo de cada encontro.

AGRADECIMENTO

Caros,
Adorei demais o projeto na sua íntegra.
Compreendi mais o design de serviços e seu alcance.
Vocês uniram sensibilidade, percepção visual, auditiva, prática, ouviram histórias e suas marcas, descobriram necessidades e sintetizaram tudo no nascimento de um belo projeto.
Agradeço muito mesmo como "pai" da Carmim ao apoio e à colaboração da Livework e de todos.

Eduardo Valarelli, fundador da Carmim

CAPÍTULO 27

FAQ

Ao longo de prospecções, projetos, palestras, eventos, workshops e cursos algumas perguntas se repetem. E muito. Decidimos criar esse FAQ e registrá-las aqui.

COMO VOCÊS CALCULAM O ROI (RETURN ON INVESTMENT) EM DESIGN DE SERVIÇOS?

Essa pergunta aparece bastante ☺. Não existe ROI em Design de Serviços, existe ROI das soluções que foram implementadas. Seja o resultado um novo serviço para uma companhia aérea, uma nova forma de um vilarejo acessar a água ou até mesmo um novo serviço b2b oferecido por uma empresa a parceiros e fornecedores, cada um desses cenários possui métricas de sucesso específicas. O ROI está sempre ligado a alguns fatores: o contexto do serviço, as métricas que já são utilizadas nesse contexto e, por isso, são críveis para o cliente, o tipo de impacto que descobrimos ser possível criar e o resultado esperado ou desejável mencionado no início do projeto.

Em um projeto envolvendo distribuição de água para vilarejos, o aumento do nível de frequência escolar das crianças foi um ponteiro indicador de sucesso, pois as crianças, ao serem mobilizadas constantemente para ir buscar água em regiões distantes, se viam obrigadas a perder aulas e não conseguiam conciliar os estudos e suas tarefas de auxílio aos seus pais.

QUANTOS PROJETOS UM LÍDER DE PROJETO DA LIVE|WORK É CAPAZ DE GERENCIAR AO MESMO TEMPO?

Todos os nossos projetos envolvem um mergulho profundo no contexto e realidade das pessoas. Esse mergulho, para que seja produtivo, deve permanecer na cabeça da equipe ao longo do projeto. Por esse motivo, ao contrário de outras abordagens, não aconselhamos envolver a mesma equipe em mais de 3 projetos. Sendo 2 um número ideal.

QUAIS AS HABILIDADES NECESSÁRIAS PARA SER UM DESIGN THINKER?

Essa também aparece bastante. Um Design Thinker não é uma profissão, é alguém que aborda as coisas sob uma ótica diferente: a das pessoas. Você pode começar hoje a ser um Design Thinker. Na verdade esperamos que, se já não se considerava um antes, tenha adotado o título já há algum tempo durante a leitura deste livro.

Não existe uma disciplina específica que irá torná-lo um Design Thinker. Dito isso, acreditamos, e muito, no potencial resultante do envolvimento de pessoas de negócios com disciplinas centradas no ser humano como o Design, a Psicologia, a Sociologia, entre outras. Uma boa linha mestra é: Tudo que você puder aprender que vai deixá-lo com um olhar mais próximo das pessoas será sempre útil e aplicável.

QUANTAS PESSOAS TRABALHAM EM UM PROJETO?

Liveworkers, no máximo 3. Mas em projeto a equipe não é apenas formada por nós. Sempre que preciso envolvemos especialistas como no caso do consultor de fitness citado no início deste livro. Além disso nunca trabalhamos sozinhos. Durante todo o processo existem stakeholders envolvidos, incluindo a equipe de nosso cliente, consumidores finais, fornecedores etc. Ou seja, estamos sempre navegando em bando por problemas complexos ☺.

QUANTO CUSTA UM PROJETO COM A LIVE|WORK?

Isso depende do projeto. Não existe uma tabela de preço de "projeto de design de serviços". Assim como o ROI, que já mencionamos, o entendimento do desafio que iremos enfrentar é fundamental para entendermos como se dará a nossa participação.

AH... MAS ME DÁ UMA IDEIA?

Não. ☺

É CARO?

Não.

O QUE VOCÊS PROCURAM QUANDO CONTRATAM ALGUÉM?

Pessoas "centradas em pessoas". Profissionais que possuam uma área de expertise correlacionada com o que fazemos (ou não). Mas principalmente, quando recrutamos, procuramos novos membros para a nossa família. Levamos a sério a parte "live" do nosso nome.

POSSO TRABALHAR COM VOCÊS?

Mande o seu curriculum para falecom@liveworkstudio.com.br.

VOCÊS SÃO UMA FRANQUIA DA LIVE|WORK UK?

Não. A live|work é uma única empresa multinacional com sedes na Inglaterra, na Noruega e no Brasil.

VOCÊS DÃO PALESTRAS?

Sim. Será um prazer. Mas temos uma agenda bastante complicada de projetos, então nos contate com antecedência, por favor.

POSSO VISITAR O ESTÚDIO DA LIVE|WORK?

Nosso estúdio está constantemente ocupado com projetos e fechado para visitas. Porém fazemos "open-houses", com drinques, um sonzinho e muito bate-papo. Se quiser ser avisado do próximo cadastre-se para receber nossa newsletter através do nosso website www.liveworkstudio.com.br.

VOCÊS MINISTRAM CURSOS DE DESIGN DE SERVIÇOS?

Sim. Dois. Um voltado para estudantes e outro para executivos.

SET Workshop: Voltado para estudantes, esse workshop acontece durante um sábado e utiliza o Service Envy Toolkit como base. São propostos cenários de projetos para que os participantes possam utilizar as ferramentas na busca por solucionar problemas complexos e inovar serviços.

Workshop de Design de Serviços: Esse é o workshop de certificação da live|work. Nele os participantes experimentam um projeto do começo ao fim. Todas as etapas de nossa metodologia são praticadas, e os participantes fazem uma saída de campo para pesquisa de imersão. Ao final, um certificado com um ID único para cada participante é emitido.

QUE CURSO DE DESIGN THINKING VOCÊS RECOMENDAM?

O que ministramos no CIC-Miami Ad School da ESPM São Paulo. dtespm.wordpress.com.

INCONCLUSÃO

Bem, aqui estamos nós na etapa final desta edição de *DTBR*, e conforme falamos no início não somos nós que vamos entregar as conclusões sobre como aplicar essas mudanças em seu dia a dia. Esse é um trabalho que reservamos para você.

Ao longo do processo de escrever este livro mantivemos em mente torná-lo o mais prático e acionável possível para que ao final da leitura você pudesse estar repleto de vontade de espalhar essa mensagem por aí e se juntar ao exército da transformação. Há muito para ser feito, e nesse caminho precisaremos de muito mais do que designers. Precisaremos de profissionais "centrados no ser humano" nas mais diversas áreas da economia brasileira.

Sim, é verdade, você irá enfrentar resistências para colocar esse novo ponto de vista em pauta. Conforme vimos aqui, não é novidade para ninguém o fato de que a cultura corporativa possui uma inclinação forte para a competição e baixa tolerância a falhas. Mas, por outro lado, temos visto todos os dias empresas que já não confiam mais plenamente no velho jeito de fazer as coisas. Diariamente acompanhamos situações que demonstram que a velha maneira de conduzir negócios não consegue mais apoiar de forma saudável as organizações, e essas evidências estão por aí em jornais, revistas e na internet.

A Empatia, a Colaboração e a Experimentação, aqui tratadas, não são mais artigos de luxo, dispensáveis mas desejáveis, para os negócios. Elas são o alicerce fundamental da engrenagem relacional de uma sociedade e, hoje, para sobreviver, as marcas não poderão continuar alheias a essas forças.

E não estamos propondo uma utopia. Existe realmente um caminho para ganhar (mais) dinheiro fazendo o certo, da maneira certa. Nossa intenção com este livro foi mostrar que uma abordagem centrada nas pessoas traz para o negócio uma visão mais sustentável, pautada no relacionamento e nas trocas de alto valor. Mas não nos entenda errado. Sabemos que as empresas que se veem presas ao antigo modelo transacional provavelmente continuarão existindo, algumas até mesmo sendo lucrativas ainda por um bom tempo. Mas elas já não são mais preferidas. Esses negócios podem continuar por aí, mas eles estão na mira. Na mira de novos entrantes, novos modelos, novas mentes, novos olhares.

E ser a mosca do alvo em um mundo no qual tamanho está sendo cada vez menos sinônimo de documento, em uma economia que permite que garotos de 20 anos, de dentro do alojamento de sua universidade e entre uma aula e outra, criem um novo modelo de comunicação que implodiu a mídia tradicional e bagunçou de forma irrecuperável o mapa socioeconômico do mundo. Wow. Not a good idea.

E a mudança começa com você. Não adianta esperar o momento certo, ou a abertura ideal. Essas oportunidades podem nunca sequer aparecerem. A hora de começar é já. Iniciando uma série de pequenas mudanças nas coisas que estão sob o seu controle, e aos poucos ir ganhando espaço, apresentando os resultados positivos de se abordar esses pequenos problemas sob essa nova perspectiva.

É verdade que esse novo olhar acaba contaminando tudo, e que há um certo desespero inerente ao processo de observarmos novamente as coisas ao nosso redor partindo dessa nova perspectiva. Mas contenha-se. Nenhuma mudança é do dia para a noite e a solução está longe de ser sair por aí correndo atrás de outros ambientes mais férteis. O verdadeiro trabalho de transformação é o de preparar e abrir novos terrenos que possam ser semeados aí mesmo, onde você está agora. Imagine um mundo onde todos se aglomeram em uma fila gigante para trabalhar em consultorias de inovação (que já não são muito famosas pelas suas equipes gigantescas). Dá para entender que não é por ai que vamos começar a mudar as coisas, certo? Até porque, consultorias de design e inovação como a live|work precisam de pessoas de dentro do negócio como você. Líderes dispostos a correr riscos e repensar modelos vigentes. De nada adiantaria nossos esforços por estabelecer práticas na construção de experiências de serviços se dentro de nossos clientes só sobrassem as pessoas que não acreditam que mudar é possível. A sua empresa precisa de pessoas como você, ou mudar não será possível.

Mas sabemos que, apesar de possível, mudar é doloroso e exige sacrifício. Adote a política dos pequenos passos. "Baby steps." E lembre-se que cair de vez em quando é parte inseparável do processo de aprender a andar. Mas utilize as ferramentas deste livro para aprender a cair.

Acreditamos que um novo Brasil começa a ser desenhado, e não queremos nem piscar para não perder um momento sequer dessa jornada. Temos vivido diária e intensamente o trilhar desse novo caminho, o começo desse repensar em massa. A cada convite que recebemos de corporações enormes, e antes improváveis, para nos envolvermos em processos críticos de decisão, e ajudá-las a repensar sua relação com colaboradores, fornecedores e clientes, nos sentimos mais energizados e com a nossa mão literalmente afundada na modelagem dessa massa crítica de mudança. Este livro é um convite, e um monte de equipamento, para que você caia também dentro dessa cruzada.

E por último queremos deixar registrado que este trabalho é um exercício de constante Empatia, Colaboração e Experimentação. Pretendemos evoluir tudo que escrevemos aqui constantemente com a sua ajuda e a de outros parceiros e amigos, pessoas brilhantes que temos a sorte de ter orbitando entre nós.

Here's to the crazy ones.
The misfits.
The rebels.
The troublemakers.
The round pegs in the square holes.
The ones who see things differently.
They're not fond of rules.
And they have no respect for the status quo.
You can quote them, disagree with them, glorify or vilify them.
About the only thing you can't do is ignore them.
Because they change things.
They push the human race forward.
And while some may see them as the crazy ones, we see genius.
Because the people who are crazy enough to think they can change the world, are the ones who do.

– Apple Inc.

Em memória a Steve Jobs (1955 – 2011)

SERVICE ENVY TOOLKIT

O SET – (Service Envy Toolkit) é um deck de cards que foi criado por nossa equipe brasileira para ajudar a divulgar a abordagem do Design de Serviços no país. O kit contém diversas ferramentas que utilizamos em nosso dia a dia para criar serviços mais desejáveis para as pessoas, sustentáveis para o planeta e finaceiramente rentáveis para o negócio.

O termo Service Envy (Serviços de dar inveja) é para nós um mantra que está diretamente ligado à origem da live|work. Nosso desafio é fazer com que as pessoas nutram tanto desejo, ou mais, por utilizar um serviço quanto sentem por possuir um produto. Para isso buscamos projetar serviços que se conectam às suas vidas e permitem que expressem quem são e o que representam. Nosso objetivo é criar Service Envy.

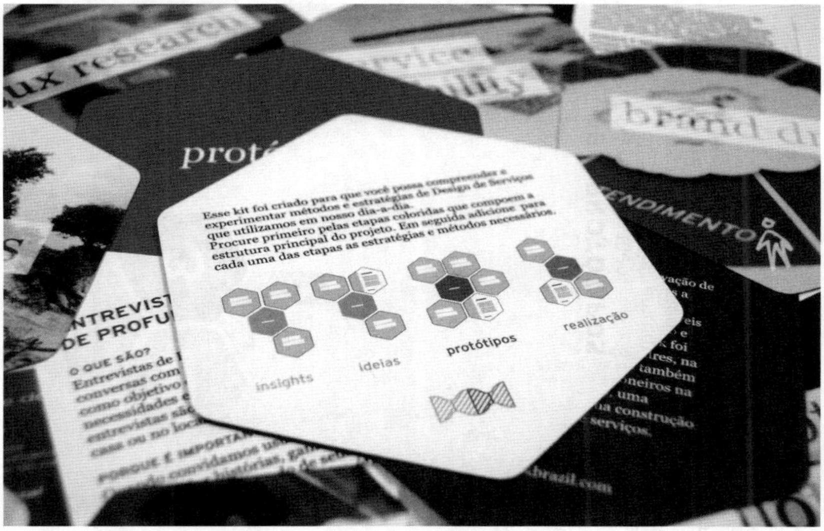

Service Envy Toolkit

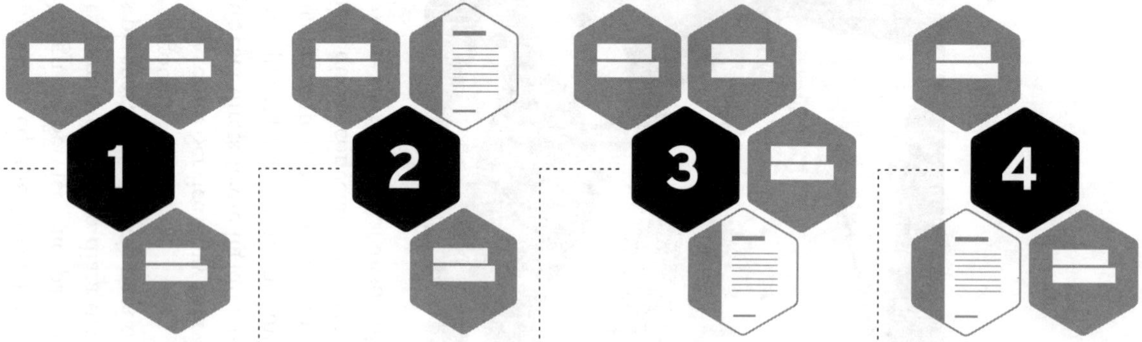

1 - INSIGHTS
Observações e sessões de cocriação para compreender tudo que gira em volta do contexto de uso do produto ou serviço.

2 - IDEIAS
Nossa abordagem é sempre participativa e permite que todos os envolvidos estejam sempre alinhados com o objetivo do projeto.

3 - PROTÓTIPOS
A prototipagem objetiva recriar em um ambiente experimental interações reais que nos permitem estudar, com baixo custo, o impacto das mudanças em um serviço.

4 - REALIZAÇÃO
Como resultado, desenvolvemos pontos de contato com o cliente que podem tomar a forma de processos internos, serviços externos, web-sites, aplicativos para telefones celulares ou qualquer outro tipo de interação que possa ser necessária para suportar a nova estratégia.

ENTREVISTAS DE PROFUNDIDADE

1 2 3 4

Entrevistas de profundidade são conversas com usuários reais que têm como objetivo capturar e compreender necessidades e comportamentos. Essas entrevistas são informais e acontecem na casa ou no local de trabalho dos usuários.

Quando convidamos usuários a contar suas próprias histórias, ganhamos um entendimento profundo de seus universos. Entrevistas são uma ótima oportunidade para mapear o que usuários dizem e comparar com o que fazem.

HOT-HOUSE

1 2 3 4

Sessão de cocriação entre a equipe de projeto e o cliente realizada sem a necessidade de preparação prévia. Serve para mapear conceitos e diretrizes que serão a base para o planejamento e condução do projeto.

Essa sessão de cocriação tem como objetivo promover um alinhamento da visão de objetivos e expectativas entre as áreas da organização e a equipe de projeto. Servindo para criar uma linha de base confiável para o início do projeto.

REDE DE INFLUÊNCIAS

1 2 3 4

Muitas vezes olhamos para alguns desafios e somos compelidos a pensar que são insolucionáveis. Essa ferramenta nos permite expandir esses problemas, encontrando pontos de influência nos quais a equipe tem poder de intervenção.

Um problema pode parecer quase insolucionável, mas de fato a sua complexidade pode ser fruto da soma de outros problemas. Ao expandirmos nossa *Gestalt* sobre o desafio, expandimos também nossas chances de solucioná-lo.

SERVICE SAFARI

1 2 3 4

Novas perspectivas são fundamentais para criar inovações de serviços. Essa pesquisa, de caráter etnográfico, consiste na experimentação e análise de um serviço não diretamente relacionado ao que está sendo projetado.

Permite que nossos clientes e equipe experimentem serviços análogos mas não relacionados. A experiência adquirida pode ser utilizada para melhorar serviços existentes ou gerar novas oportunidades de negócios para a empresa.

TOUCHPOINT MAPPING

1 2 3 4

O mapeamento dos pontos de contato de um serviço. Pontos de contato representam interações existentes entre usuários e serviços e podem assumir quatro formas fundamentais: Pessoas, Processos, Objetos e Canais.

Essa ferramenta cria uma visão detalhada dos pontos de contato experimentados pelo usuário ao longo de sua jornada de utilização do serviço e detalha cada um desses pontos de contato de acordo com seu impacto.

ECOLOGIA DO SERVIÇO

1 2 3 4

Mapa contendo todos os stakeholders, pontos de contato e até mesmo contextos que estão conectados de maneira direta ou indireta com o uso do serviço. Oferece uma visão abrangente do que gira ao redor do serviço.

Ao dar um passo para trás e observar todo o ecossistema de um serviço, ganhamos uma nova perspectiva de seu uso e funcionamento, o que ajuda a equipe na busca por algo novo e relevante para quem o utiliza.

PAINEL SEMÂNTICO

1 2 3 4

Painel contendo imagens, textos e figuras em formato de pôster. Possui o objetivo de transmitir para as pessoas envolvidas no projeto alguns conceitos, atitudes, preferências e outros fatores, sempre de maneira visual e sintetizada.

Funciona como ponto de alinhamento ajudando aos integrantes da equipe a ter coerência durante o processo criativo. Podem estar relacionados a pessoas, marcas ou espaços, de forma a ilustrar significados desejados ou existentes.

USER BOARDS

1 2 3 4

Painéis informativos que retratam de maneira lúdica, concisa e ilustrada a personalidade, os gostos e as atitudes de usuários reais. Os painéis são construídos com base nos insights coletados durante as fases de pesquisa de imersão.

A criação de um mapa visual simplificado contendo comportamentos, atitudes e desejos de usuários possui um impacto positivo na fase de geração de ideias por incentivar e manter alta a empatia da equipe de projeto.

EVIDENCIAR

1 2 3 4

Um serviço é composto por diversos pontos de contato, isso inclui objetos que dão vida e viabilizam o serviço. Ao fazer o check-in em um hotel, a chave entregue é um exemplo de evidência física do serviço de hospedagem.

Durante a fase **protótipos**, a criação de evidências que simulam objetos reais presentes no contexto do serviço atribui maior veracidade ao processo de experimentação. Esses objetos também poderão ser testados e aprimorados.

STORYBOARD

1 2 3 4

Storyboards são séries de imagens sequenciais que visam ilustrar uma história dando a ela personagens, cenários e contextos. Essa técnica foi criada por Walt Disney em 1930, durante a produção de "Os Três Porquinhos".

São uma maneira rápida, lúdica e econômica de evidenciar cenários de uso de serviços. Adicionam vida e movimento a ideias e ganham destaque durante a fase de planejamento dos protótipos, onde permitem pré-visualizações.

PIPELINE DE INOVAÇÃO

1 2 3 4

Um roadmap de implementação de soluções inovadoras dispostas em ordem crescente e classificadas através do uso de variáveis que medem a sua viabilidade de execução, tais como: tempo, risco, impacto, custo, entre outras.

O Pipeline de Inovação projeta cenários de curto, médio e longo prazo para a implementação de inovações de serviços e, com isso, alinha estrategicamente o negócio a um horizonte comum de constante inovação.

RELATÓRIO DE PROJETO

Um relatório contendo os entregáveis produzidos no projeto. Esses relatórios possuem estética envolvente e conseguem minimizar a complexidade da informação através do uso de **sketching**, **storytelling** e **data visualization.**

Um serviço é composto de processos, regras, evidências físicas etc. Esse relatório detalha todos esses elementos, servindo como ponto de partida para a implementação das modificações e melhorias propostas pelo projeto.

CENÁRIOS PARALELOS

Estudar cenários análogos ao serviço traz novos insights e possibilidades. Para melhorar o fluxo de pessoas em um shopping center, por exemplo, podemos observar estratégias de locais de grande circulação como estações de trem.

Informa e capacita a equipe a explorar conceitos novos, pouco ou nada experimentados dentro do setor do serviço para o qual estão projetando, porém de grande valia em outros setores com interações similares.

DIAGRAMA DE AFINIDADE

Diagrama de Afinidade ou *KJ Method* é uma ferramenta utilizada para atribuir sentido a grandes quantidades de informação. Trata-se da formação de grupos de afinidade que ajudam a equipe na compreensão do contexto analisado.

Pesquisas de campo resultam em enormes quantidades de informação, diagramas de afinidade ajudam a encontrar sentido dentre os insights coletados e contribuem na definição de diretrizes estratégicas para o projeto.

MODELOS MENTAIS

"*São modelos que as pessoas fazem de si mesmas, de outros e dos ambientes e coisas com as quais interagem.*" - *Donald Norman*. Método utilizado para mapear modelos mentais sistêmicos e de interação de usuários finais.

Essa ferramenta ajuda a equipe de projeto a estruturar e decodificar o comportamento das pessoas. Sua aplicabilidade pode ser estendida para o uso com **personas** de forma a gerar possíveis padrões de comportamentos.

IDEATION SESSIONS

1 2 3 4

Sessões estruturadas de brainstorming que têm como objetivo a geração de ideias. Possuem alto nível de engajamento entre seus participantes, podendo fazer uso de técnicas como **sketching**, **personas** e **cenários**.

Agrega valor ao projeto por envolver stakeholders no processo de criação e permitir a colaboração na construção de ideias. Por possuir estrutura e contextos bem definidos, tende a gerar ideias de alto potencial e pertinência ao projeto.

MATRIZ CSD

1 2 3 4

Técnica que utiliza shared spaces para definir o escopo do desafio enfrentado considerando o que já é conhecido pela equipe, hipóteses levantadas e o que ainda é desconhecido mas precisa ser investigado.

Essa ferramenta se mantém ativa durante todo o projeto e ajuda a equipe a compartilhar dúvidas, certezas e suposições. É importante, pois alinha constantemente o conhecimento da equipe e a mantém dentro do escopo.

RECRUTAMENTO

1 2 3 4

O recrutamento é uma etapa crítica para a pesquisa com usuários. É nessa etapa que serão especificados perfis e recrutados os participantes. É importante considerar usuários extremos, especialistas e non-users nessa fase de projeto.

O segredo de uma boa pesquisa de imersão está na descoberta do perfil correto dos pesquisados. Pesquisas de imersão são verticalizadas e não utilizam o conceito de amostragem presente nas pesquisas quantitativas.

RODA DE ARQUÉTIPOS

1 2 3 4

Arquétipos são modelos presentes na psique humana que traduzem atitudes e a personalidade de pessoas ou marcas. A Nike, por exemplo, evoca a jornada do "Herói", enquanto a Harley Davidson personifica a liberdade do "Fora da Lei".

É uma ferramenta utilizada para diagnóstico da imagem percebida de marca. Ajuda a equipe de projeto a tangiblizar significados junto a usuários do serviço e a mapear a transmissão dos sinais da marca nos pontos de contato.

SHARED SPACES

1 2 3 4

Espaços compartilhados que funcionam como uma vitrine para os insights e materiais do projeto. Esses espaços estão sempre ao alcance da equipe de projeto e são utilizados para expor materiais de pesquisas e evidências relevantes.

Ajudam a manter a equipe informada e alinhada durante todo o desenvolvimento do projeto, estimulando a colaboração e também funcionando como repositórios visuais que diminuem a complexidade e revelam padrões na informação.

WORKSHOP COM USUÁRIOS

1 2 3 4

Uma sessão de cocriação que reúne a equipe de projeto com usuários finais e/ou outros stakeholders envolvidos nas etapas da cadeia de valor do serviço. Pode possuir caráter exploratório ou conclusivo.

O envolvimento de usuários finais e colaboradores enriquece o processo de criação gerando soluções que já nascem mais adaptadas às suas realidades, o que potencializa de forma significativa seu impacto quando alcançam o mercado.

ANÁLISE HIP

1 2 3 4

Um framework que criamos para desconstrução e/ou construção de plataformas de marcas. É baseado no que acreditamos serem os três pilares que sustentam uma relação de longo prazo: História, Identidade e Personalidade.

Permite projetar serviços que já nascem alinhados com a proposta de valor da marca. Nesse caminho, possui uma fase de diagnóstico com pesquisas de imersão e quantitativas e outra de adequação dos sinais da marca.

BRAND DMZ

1 2 3 4

A Zona Desmilitarizada de Marca é uma região de alinhamento que integra processos e departamentos. A Brand DMZ é um método para criação de processos *cross-silos* que garantem a integridade da experiência do usuário.

Diferentes departamentos possuem métricas e características distintas, o que às vezes causa desequilíbrio aos sinais transmitidos por uma marca. A Brand DMZ equilibra esses sinais, respeitando e preservando esssas diferenças.

STORYTELLING

1 2 3 4

Histórias simplificam a transmissão de informações complexas e estampam acontecimentos na memória das pessoas. Uma boa história deve conter estrutura, personagens, trama, clima, movimento e tornar invisível o storyteller.

Contar histórias ajuda a equipe de projeto a compartilhar acontecimentos e a se manterem empáticos por situações vivenciadas pelos usuários. Uma boa história transporta a audiência para dentro da narrativa.

ETIMOLOGIA DO SERVIÇO

1 2 3 4

Pesquisa que estuda as origens dos significados e razões de uso de um serviço. Possui dois enfoques: diacrônico e sincrônico. O primeiro estuda os ressignificados ao longo do tempo e o segundo considera o significado presente.

Essa pesquisa conduz a equipe de projeto por uma jornada de descoberta cujo objetivo é encontrar a razão pela qual as pessoas fazem o que fazem, possuem determinadas necessidades, valorizam e utilizam o serviço.

PARTICIPAÇÃO

1 2 3 4

Nessa pesquisa a equipe de projeto experimenta um serviço e registra as evidências encontradas. A jornada de experimentação deve seguir um roteiro estruturado e que se assemelhe à utilização real do serviço.

Experimentar em primeiro plano um serviço traz para a equipe de projeto insights importantes sobre o seu funcionamento e cria empatia ao revelar as situações e problemas de uso enfrentados pelas pessoas.

SERVICE USABILITY

1 2 3 4

Avaliação detalhada de como os usuários experimentam o serviço. Estruturada com base nas práticas de design de interação e usabilidade (UX), seu objetivo é diagnosticar problemas que impactam a experiência do cliente em cenários reais.

Ao aplicar uma abordagem de UX em cenários reais de uso, a equipe de projeto ganha insights sobre problemas e oportunidades que não podem ser descobertos com pesquisas tradicionais ou técnicas qualitativas simples.

SHADOWING

Pesquisa etnográfica de observação na qual o pesquisador acompanha um usuário ao longo de sua jornada de utilização do serviço, registrando evidências relevantes para o projeto usando vídeos, imagens e anotações.

Ao observar usuários utilizando um serviço, produzimos valiosos insights e evidências sobre como, quando e por que as pessoas optam por utilizá-lo. É muito importante que o pesquisador não interfira no comportamento do usuário.

SONDAS CULTURAIS

Pesquisa etnográfica baseada no uso de self-reports, o que permite a obtenção não invasiva de informações sobre os usuários enquanto vivenciam contextos reais. As sondas são kits contendo diários e materiais de suporte ao respondente.

Permite a captura de insights em cenários que exigem acompanhamento de longo prazo, como por exemplo o dia a dia de pacientes com doenças crônicas ou os meses de preparação que antecedem uma grande viagem.

UX RESEARCH

User Experience ou UX se refere a todos os aspectos que permeiam a interação de um usuário com determinado produto, aplicativo ou sistema. UX Research é a prática de pesquisar e medir a qualidade dessas interações.

Medir a qualidade das interações de um usuário com um sistema é fundamental para que o mesmo possa ser aprimorado. Métricas de usabilidade também ajudam a determinar a relevância do sistema, sua facilidade de uso e de aprendizado.

PESQUISA QUANTITATIVA

Pesquisas que se baseiam em grande quantidade de respondentes para validação de respostas. A quantidade de pesquisados deve representar de maneira satisfatória o espaço amostral possível do evento analisado.

A pesquisa quantitativa pode ajudar a prever o impacto e antecipar riscos de um roll-out em larga escala de um novo serviço. Geralmente esse tipo de pesquisa é mais eficiente quando aplicado após as pesquisas de imersão.

DESK RESEARCH

1 2 3 4

Pesquisa realizada em fontes diretas de informação como a internet, mídia impressa, bibliotecas etc. A internet tem se mostrado uma fonte de enorme potencial, especialmente após o advento das redes sociais.

Antecede as saídas de campo, munindo a equipe de informações sobre o desafio que irão enfrentar. Também serve como base para o plano de pesquisa e pode ser utilizada no pós-projeto, para mapeamento de impacto e ROI.

MEDIDAS DE ROI

1 2 3 4

São índices de medição para comparação entre cenários pré e pós-implementação. Esses índices devem ser críveis, testados e homologados para que o benefício trazido pela mudança no serviço possa ser devidamente reconhecido.

Um serviço é inovador quando é capaz de ajudar usuários a viver melhor ao mesmo tempo em que gera benefícios tangíveis para a organização que o oferece. Entender como medir esse sucesso é parte crítica de qualquer projeto.

CENÁRIOS

1 2 3 4

Cenários são modelos que contêm personagens e uma série de instruções sobre ações ou eventos que, combinados, contam a história de uso de um determinado serviço. São utilizados junto com **storyboards** e **personas**.

Um cenário cria o ambiente necessário para que a contação de histórias sobre o uso de um serviço possa ser rica e inspiradora. É um input fundamental para a fase **protótipos** e bastante utilizado na etapa **ideias**.

PERSONAS

1 2 3 4

Personagens fictícios que combinam características relevantes e representativas dos usuários de um serviço ou produto. Possuem atributos específicos e personalidade bem definida baseada em suas preferências e atitudes.

Personas funcionam como uma espécie de bússola ou radar para a equipe de projeto, sendo mais eficientes para manter a equipe empática pelos usuários finais do que os métodos tradicionais de levantamento demográfico.

PROTOTIPAGEM RÁPIDA

1 2 3 4

Técnica de experimentação que utiliza materiais simples para reproduzir em ambiente controlado as interações de um usuário com determinado processo ou objeto. Seu foco está em provocar reações e compreender possibilidades.

Protótipos rápidos ajudam a evoluir ideias até que alcancem o patamar de soluções ou se transformem em novas possibilidades. Promovem a chance da equipe simular e errar cedo o suficiente criando espaço para alterações críticas.

ROLEPLAY

1 2 3 4

Técnica de prototipagem na qual a equipe de projeto cria e encena uma história contendo personagens, objetos e cenários estruturados de forma a transmitir para a audiência ideias, soluções ou evidenciar o uso de um serviço.

Roleplay é uma forma simples, rápida e estimulante de testar soluções. As sessões utilizam evidências físicas feitas de materiais simples para simular objetos e cenários e os participantes encenam interações como em uma peça de teatro.

SKETCHING

1 2 3 4

Rabiscos que servem para ilustrar uma ideia ou conceito. Um sketch nada mais é do que um rascunho e por isso não há preocupação com a estética do desenho, mas sim com a transmissão inteligível da ideia sendo compartilhada.

Ideias podem parecer complicadas quando explicadas apenas utilizando recursos narrativos. Ao rabiscar ideias enquanto as explicamos para um grupo, potencializamos a compreensão e incentivamos a colaboração.

JORNADA DO USUÁRIO

1 2 3 4

Trata-se da representação gráfica de todas as interações que o usuário tem com determinado serviço dispostas em ordem de ocorrência. Nela se encontram os pontos de contato que compõem a experiência do cliente.

A Jornada do Usuário apresenta o serviço sob a perspectiva de quem o utiliza e contém informações importantes sobre os impactos dos pontos de contato na experiência desse usuário final. É uma peça fundamental em projetos de serviço.

TOUCHPOINT FRAMEWORK

1 2 3 4

Um mapa detalhado dos pontos de contato existentes em um serviço. Esse modelo classifica os pontos de contato de acordo com o contexto em que aparecem, seu impacto na experiência e outros fatores relevantes para o usuário.

Pontos de contato aparecem ao longo da jornada do usuário em diferentes contextos de uso e possuem criticidade, relevância e níveis de influência diferentes. Essa modelagem auxilia na construção de experiências integradas.

PROTOTIPAGEM PILOTO

1 2 3 4

A Prototipagem Piloto é a forma mais evoluída de experimentação e abrange usuários reais utilizando o serviço em cenários reais. Pode ter duração de vários meses e possui estrutura e planejamento complexos.

Ao "pilotar" um serviço com uma amostragem controlada de usuários interagindo em um cenário real de uso, a equipe tem a oportunidade de adaptar e evoluir a solução aumentando o seu grau de aceitabilidade e chances de sucesso.

SERVICE BLUEPRINT

1 2 3 4

O Service Blueprint é o mapa de processos que especifica como o serviço deve funcionar. Ao longo dos anos aprimoramos essa técnica para que se tornasse peça fundamental em projetos de serviços centrados no ser humano.

O Service Blueprint descreve todos os processos, objetos, pessoas e canais envolvidos no serviço. Essa informação é disposta por ordem de ocorrência e estruturada visualmente para fácil navegação e compreensão.

WHAT'S NEXT?

Quando criamos a sessão What's Next, pensamos em reunir todas as dicas que sempre damos aos nossos amigos, alunos, parceiros e clientes que desejam se aprofundar nos assuntos aqui discutidos. Nossa intenção ao criar o gráfico presente no final da lista não foi a de classificar de maneira irreversível cada um desses canais. Até porque isso seria impossível. O posicionamento deles reflete nada mais do que a opinião da nossa equipe, e mesmo internamente houve controvérsias durante a montagem ☺. Portanto, entenda a iniciativa mais como uma simplificação para a sua visualização e uso da informação do que como um juízo de valor.

CURSOS

1- CALIFORNIA COLLEGE OF ARTS

MBA em Design Strategy.

http://www.cca.edu/academics/graduate/design-mba

2- D. SCHOOL BOOTCAMP

Curso para executivos praticarem métodos e ferramentas do Design Thinking.

http://www.gsb.stanford.edu/exed/dtbc/

3- DT ESPM

Curso de extensão com conteúdo teórico e prático sobre Inovação e Design Thinking.

http://www.espm.br

4- HASSO-PLATTNER INSTITUTE

Treinamento básico e avançado em Design Thinking.

http://www.hpi.uni-potsdam.de/d_school/home.html?L=1

5- ILLINOIS INSTITUTE OF TECHNOLOGY

Mestrado em Métodos de Design e programa que combina MBA com mestrado em Design.

http://www.id.iit.edu/

6- INSTITUTO FABER-LUDENS

Pós-graduação em Design de Interação.

http://www.faberludens.com.br/pt-br/node/88

7- INSTITUTO RIO BRANCO

MBA em Branding.

http://www.faberludens.com.br/pt-br/node/88

8- LAUREA UNIVERSITY OF APPLIED SCIENCES

Mestrado em Service Design.

http://servicedesign.laurea.fi/

9- LIVE|WORK, OFICINA DE DESIGN DE SERVIÇOS

Workshop com conteúdo teórico e prático sobre Design de Serviços.

http://www.liveworkstudio.com.br/

10- PARSONS SCHOOL OF DESIGN

Curso de verão em Design Management.

http://www.newschool.edu/parsons/summer-programas

11- ROTMAN SCHOOL OF MANAGEMENT

MBA com disciplinas que integram design e negócios.

http://ep.rotman.utoronto.ca/

12- SERVICE DESIGN STUDENT WORKSHOP

Workshop de curta duração com foco em métodos utilizados em projetos de Design de Serviços.

http://www.liveworkstudio.com.br/

13- YALE SCHOOL OF MANAGEMENT

MBA com enfoque em inovação.

http://mba.yale.edu/MBA/index.shtml

14- ZAPPOS CULTURE BOOTCAMP

Workshop de imersão na cultura da empresa.

http://www.zapposinsights.com/main/experiences/2-day-bootcamp/

EVENTOS

1- CUSTOMER EXPERIENCE FORRESTER

Fórum sobre Customer Experience Management.

http://www.forrester.com/events?cm_re=Navigation_010710-_-events_tab-_-events

2- DESIGN MANAGEMENT INSTITUTE EVENTS

Eventos presenciais e on-line sobre assuntos relativos a design e negócios.

http://www.dmi.org/dmi/html/index.htm

3- SERVICE DESIGN DRINKS

Evento que acontece em várias cidades do mundo e reúne interessados no tema.

http://servicedesigning.org/

4- SERVICE DESIGN NETWORK CONFERENCE

Conferência Global de Design de Serviços.

http://www.service-design-network.org/content/conferences-2011

5- TED

Fórum sobre Tecnologia, Entretenimento e Design com eventos renomados e interessantíssimos.

http://www.ted.com/

FERRAMENTAS

1- D. SCHOOL BOOT LEG GUIDE

Manual desenvolvido pela D.School com métodos e técnicas para aplicar em projetos a abordagem do Design Thinking.

http://dschool.stanford.edu/wp-content/uploads/2011/03/BootcampBootleg2010v2SLIM.pdf

2- DESIGN COUNCIL

Diversos guias gratuitos relacionados a Design Thinking, divididos por áreas de interesse.

http://www.designcouncil.org.uk/+esources-and-events/

3- HUMAN CENTERED DESIGN TOLLKIT

Guia de inovação social para empreendedores e ONGs desenvolvido pela IDEO.

http://www.ideo.com/work/human-centered-design-toolkit/

4- IDEO METHODS CARD

Deck de cards com métodos da IDEO.

http://www.ideo.com/work/method-cards/

5- SERVICE ENVY TOOLKIT

Deck de cards em formato hexagonal contendo métodos e estratégias para planejamento da estratégia em um projeto de Design de Serviços.

http://www.liveworkstudio.com.br/tools/service-envy-toolkit

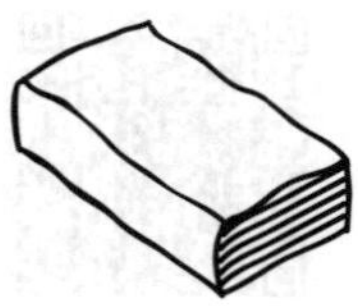

LIVROS

1- A FINE LINE

O autor e fundador da Frog Design explica a importância do Design para o negócio e seu impacto em resultados.

http://www.amazon.com/Fine-Line-Strategies-Shaping-Business/dp/0470451025/ref=sr_1_1?s=books&ie=UTF8&qid=1313156997&sr=1-1

2- A WHOLE NEW MIND

Autor explica sua teoria de que no futuro a economia demandará cada vez mais pessoas com capacidade criativa.

http://www.amazon.com/Whole-New-Mind-Right-Brainers-Future/dp/1594481717/ref=sr_1_1?s=books&ie=UTF8&qid=1313090651&sr=1-1

3- AUTHENTICITY

Livro mostra a importância da autenticidade para as marcas nos dias de hoje.

http://www.amazon.com/Authenticity-What-Consumers-Really-Want/dp/1591391458/ref=sr_1_1?s=books&ie=UTF8&qid=1313104412&sr=1-1

4- CHANGE BY DESIGN

Mostra a crescente importância do Design Thinking como facilitador de mudanças em diversas áreas.

http://www.amazon.com/Change-Design-Transforms-Organizations-Innovation/dp/0061766089/ref=sr_1_1?s=books&ie=UTF8&qid=1312993927&sr=1-1

5- CRADLE TO CRADLE

Os autores propõem um modelo de produção industrial mais sustentável.

http://www.amazon.com/Cradle-Remaking-Way-Make-Things/dp/0865475873/ref=sr_1_1?ie=UTF8&qid=1313182747&sr=8-1

6- DELIVERING HAPPINESS

Livro conta a trajetória da Zappos e mostra a importância de se manter uma cultura leve, divertida e focada em resultados.

http://www.amazon.com/Delivering-Happiness-Profits-Passion-Purpose/dp/0446563048/ref=sr_1_1?s=books&ie=UTF8&qid=1313103234&sr=1-1

7- DESIGN THINKING

Compilação de artigos do DMI sobre a aplicação do Design Thinking em grandes empresas no mundo todo.

http://www.amazon.com/Design-Thinking-Integrating-Innovation-Experience/dp/1581156685/ref=sr_1_1?s=books&ie=UTF8&qid=1313158565&sr=1-1

8- DESIGNING INTERACTIONS

Livro interessante sobre design de interação e prototipagem.

http://www.amazon.com/Designing-Interactions-Bill-Moggridge/dp/0262134748/ref=sr_1_1?s=books&ie=UTF8&qid=1313159147&sr=1-1

9- DESIGNING SERVICES WITH INNOVATIVE METHODS

Livro com diversos artigos de pessoas que são referência no tema.

http://www.ellibs.com/book/9789525018424

10- DRIVE

Autor expoe um interessante ponto de vista sobre de onde realmente nasce a motivação.

http-//www.amazon.com/Drive-Surprising-Truth-About-Motivates/dp/1594484805/ref=sr_1_1?s=books&ie=UTF8&qid=1313104141&sr=1-1

11- EMOTIONAL DESIGN

O autor explica o porque nos apaixonamos por algumas coisas que temos.

http://www.amazon.com/Emotional-Design-Love-Everyday-Things/dp/0465051367/ref=sr_1_1?s=books&ie=UTF8&qid=1312993629&sr=1-1

12- HOW CUSTOMERS THINK

Nesse livro o autor expoe a sua metodologia para captura de insights junto aos consumidores.

http://www.amazon.com/How-Customers-Think-Essential-Insights/dp/B005DI7ZOS/ref=sr_1_1?s=books&ie=UTF8&qid=1313103316&sr=1-1

13- IN THE BUBBLE

Livro ponta as mais diversas mudanças sociais e digitais e defende que precisamos de coisas que agreguem real valor as nossas vidas.

http://www.amazon.com/Bubble-Designing-Complex-World/dp/0262701154/ref=sr_1_1?s=books&ie=UTF8&qid=1313157581&sr=1-1

14- MADE TO STICK

Um manual completo sobre contação de estórias.

http://www.amazon.com/Made-Stick-Ideas-Survive-Others/dp/1400064287/ref=sr_1_1?s=books&ie=UTF8&qid=1313156327&sr=1-1

15- SUBJECT TO CHANGE

Livro demonstra o poder da abordagem do Design quando aplicada em cenários diferentes de produtos.

http://www.amazon.com/Subject-Change-Creating-Products-Uncertain/dp/0596516835/ref=sr_1_1?s=books&ie=UTF8&qid=1313155959&sr=1-1

16- THE DESIGN OF BUSINESS

O Autor fala da importância da relação negócios e design na busca por lucro e diferenciação.

http://www.amazon.com/Design-Business-Thinking-Competitive-Advantage/dp/1422177807/ref=sr_1_1?ie=UTF8&qid=1313155526&sr=8-1

17- THE EXPERIENCE ECONOMY

Autor explica como a economia global mudou do foco no produto para o foco na experiência.

http://www.amazon.com/Experience-Economy-Theater-Every-Business/dp/0875848192/ref=sr_1_1?s=books&ie=UTF8&qid=1313105104&sr=1-1

18- ZAG

Livro explica de forma simples os principais conceitos de branding.

http://www.amazon.com/Zag-Number-Strategy-High-Performance-Brands/dp/0321426770/ref=sr_1_1?s=books&ie=UTF8&qid=1312995145&sr=1-1

@ SITES

1- BLOOMBERG BUSINESSWEEK

Site dedicado a inovação e negócios.

http://www.businessweek.com/

2- BLOG SOBRE BRANDING

Blog com conceitos e novidades ligados a branding.

http://www.brandingstrategyinsider.com/

3- CORE 77

Tradicional blog sobre Design e Inovação.

http://core77.com/

4- DESIGN COUNCIL

Instituição britânica de fomento ao design com diversas informações sobre o tema.

http://www.designcouncil.org.uk/

5- DESIGN DE SERVIÇOS BR

Comunidade de pessoas interessadas em design de serviços, com novidades e debates sobre o tema.

http://designdeservicosbrasil.ning.com/

6- DESIGN MANAGEMENT EUROPE

Organização que visa promover os benefícios trazidos pela gestão do design.

http://www.designmanagementeurope.com/site/index.php

7- SITE SOBRE INOVAÇÃO E DESIGN

Sessão de design com novidades em branding, inovação, arquitetura e tecnologia.

http://www.fastcodesign.com/

8- SERVICE DESIGN NETWORK

Organização internacional que promove o desenvolvimento do Design de Serviços.

http://www.service-design-network.org/

9- SERVICE DESIGN TOOLS

Kit de ferramentas para projetos de Design de Serviços.

http://www.servicedesigntools.org/

10- SPRINGWISE

Sobre sobre novos serviços e produtos inovadores.

http://www.springwise.com/

11- THE DESIGN MANAGEMENT INSTITUTE

Organização que fomenta a importância do Design na estratégia.

http://www.dmi.org/dmi/html/index.htm

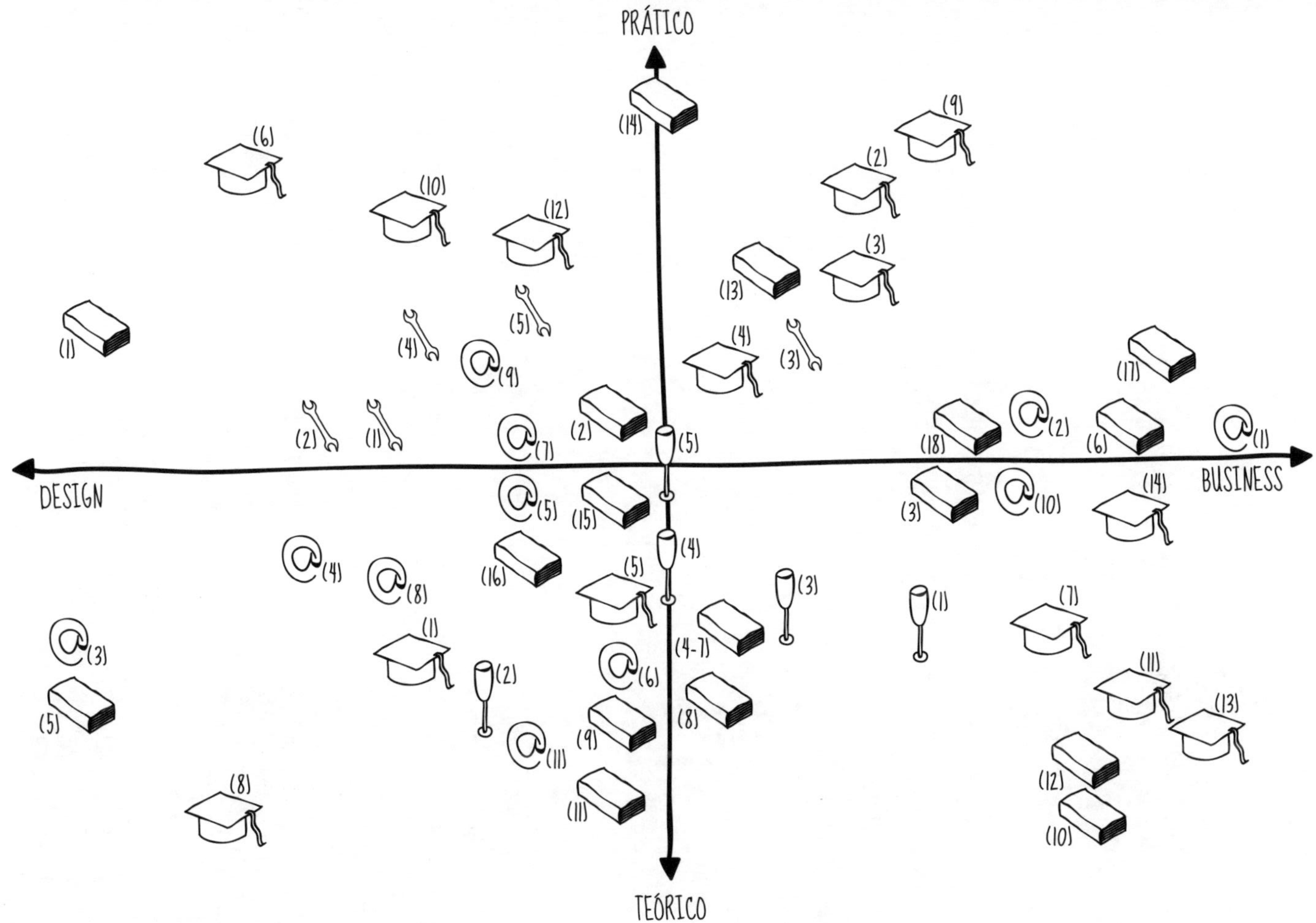
PRÁTICO
TEÓRICO
DESIGN
BUSINESS

REFERÊNCIAS

1 – "TI International Data Corporation", http://www.idclatin.com/default2.asp?ctr=bra

2 – Fonte: http://www.tobeguarany.com/internet_no_brasil.php

3 – Schumpeter, Joseph. Business Cycles "hbswk.hbs.edu/pdf/20070207_Schumpeter.pdf" (1939)

4 – Factory Acts UK. "http://www.nationalarchives.gov.uk/education/lesson13.htm"

5 – Drucker,Peter. The age of discontinuity. "http://books.google.com/books/about/The_age_of_discontinuity.html?id=1Zp7_rJ1vcMC"

6 – American Marketing Association. "http://www.marketingpower.com/Pages/default.aspx"

7 – Design Council UK. "http://www.designcouncil.org.uk/designprocess"

8 – de Bono, Edward. Lateral Thinking (2009)

9 – Wicked Problems in Design Thinking Richard Buchanan (1992) http://www.jstor.org/pss/1511637

10 – Trecho retirado do livro *Designing Interactions* de Bill Moggridge premiado designer e um dos fundadores da IDEO .

11 – Fonte: Business Week – http://www.businessweek.com/magazine/content/06_25/b3989431.htm . http://www.businessweek.com/innovate/NussbaumOnDesign/archives/2008/05/claudia_kotchka_1.html

12 – Service Design Network. SDN. http://www.service-design-network.org/

13 – Tim Brown. Design Thinking. *Harvard Business Review* (2008)

14 – TED.com – Creativity and Play (Tim Brown). http://www.ted.com/talks/tim_brown_on_creativity_and_play.html

15 – Rede DSBR – http://www.designdeservicos.com.br

16 – Inovação & Design Thinking no CIC-Miami Ad School ESPM SP. http://www.espm.br/inovacao/curso.asp?cursoID=51 . http://dtespm.wordpress.com .

17 – Design Thinking na Globonews – http://www.globo.com/Jornalismo/GN/0,,MUL1650604-17665,00-CONCEITO+DE+DESIGN+THINKING+TENTA+ENTENDER+OS+DESEJOS+DOS+CONSUMIDORES.html

18 – Forrester Research Paper. http://www.forrester.com/rb/Research/call_center_experiences_leave_consumers_on_hold/q/id/59113/t/2

19 – Brand Z Ranking: http://www.millwardbrown.com/libraries/optimor_brandz_files/2011_brandz_top100_chart.sflb.ashx

20 – Fonte: http://seedmagazine.com/content/article/how_do_brains_filter_data/

21 – Referência ao personagem interpretado pelo Pateta da Disney no desenho Motor Mania.http://en.wikipedia.org/wiki/Motor_Mania

22 – Malinowski, Bronislaw. Argonauts of the Western Pacific, de 1922: http://www.archive.org/details/argonautsofthewe032976mbp

23 – Link para detalhes sobre o livro Usability Engineering, de 1993 – Jakob Nielsen – http://www.useit.com/jakob/useengbook.html

24 – Link para detalhes sobre o estudo mencionado. http://blog.mwmm.com/tag/greg-stephens/

25 – Saiba mais sobre Scrum e outras abordagens de desenvolvimento rápido em: http://www.scrummethodology.org/

26 – Lynn G. Shostack. Breaking Free from Product Marketing. *Journal of Marketing*. 41 (Summer 1977), 73-80.

27 – Retirado do artigo "Evolving to a New Dominant Logic for Marketing", publicado por Stephen Vargo e Robert Lusch em janeiro de 2004 no *Journal of Marketing* (edição 68).

28 – Fonte: Transport for London: http://www.tfl.gov.uk/roadusers/congestioncharging/17094.aspx

29 – Stephen P. Anderson. De tarefas para experiências http://www.poetpainter.com/thoughts/article/ia-summit-2007-tasks-to-experiences-poster

30 – Fonte: Ecoomerce.org.br http://www.e-commerce.org.br/stats.php

31 – Net Promoter Score – http://www.netpromoter.com/netpromoter_community/index.jspa

32 – The Delivery Gap – http://www.bain.com/bainweb/pdfs/cms/hotTopics/closingdeliverygap.pdf

Este livro foi impresso nas oficinas gráficas da Editora Vozes Ltda.,
Rua Frei Luís, 100 – Petrópolis, RJ.